www.ingramcontent.com/pod-product-compliance
Lightning Source LLC
LaVergne TN
LVHW010406070526
838199LV00065B/5906
* 9 7 8 9 3 5 8 7 2 2 6 3 5 *

ہندوستان:

تہذیب و ثقافت

(حصہ اول)

(تعمیر نیوز ویب پورٹل کے منتخب مضامین)

مرتبہ:

مکرم نیاز

© Taemeer Publications LLC

Hindustan - Tahziib o Saqaafat - *Part-1*

by: Mukarram Niyaz

Edition: December '2024

Publisher :

Taemeer Publications LLC (Michigan, USA / Hyderabad, India)

ISBN 978-93-5872-263-5

مرتب یا ناشر کی پیشگی اجازت کے بغیر اس کتاب کا کوئی بھی حصہ کسی بھی شکل میں بشمول ویب سائٹ پر اَپ لوڈنگ کے لیے استعمال نہ کیا جائے۔ نیز اس کتاب پر کسی بھی قسم کے تنازع کو نمٹانے کا اختیار صرف حیدرآباد (تلنگانہ) کی عدلیہ کو ہو گا۔

© تعمیر پبلی کیشنز

کتاب	:	**ہندوستان: تہذیب و ثقافت** (حصہ اول)
مرتب	:	**مکرم نیاز**
بہ تعاون	:	تعمیر نیوز ویب پورٹل
صنف	:	تحقیق
ناشر	:	تعمیر پبلی کیشنز (حیدرآباد، انڈیا)
سالِ اشاعت	:	۲۰۲۴ء
صفحات	:	۹۸
سرورق ڈیزائن	:	تعمیر ویب ڈیزائن

فہرست

(۱) آزاد ہندوستان کے پہلے دستور کا اجرا: ۲۶ جنوری ۱۹۵۰ 8
(۲) چھبیس (۲۶) جنوری ۱۹۵۰ : یومِ نفاذ دستور: دستور ہند کا خاکہ 14
(۳) جنگ آزادی ۱۹۴۷ میں علما کا خصوصی کردار 28
(۴) اورنگ زیب کا دور حکومت اور اس کا نظام 33
(۵) ہندوستان میں اسلام کا ارتقا 42
(۶) شکنتلا: بھرت کی ماں: مادرِ بھارت ورش 49
(۷) انڈین یا ہندوستانی؟ 52
(۸) اردو ہندی رسم الخط: پروفیسر مجیب کا خط مہاتما گاندھی کے نام 57
(۹) اردو ادب میں غیر مسلم ہندوستانی تخلیق کار 66
(۱۰) شاہ ولی اللہ محدث دہلوی کی ایک شاہکار تصنیف 76
(۱۱) نواب حمید اللہ خان: سابق بھوپال فرمانروا کے عہد میں شعر و ادب 81
(۱۲) حسرت موہانی: آزادئ کامل کے علمبردار 87
(۱۳) ڈاکٹر سید محمود علیگ: بعد آزادئ ہند نفاذِ اردو کے حقیقی محرک 91

یہ ہے میرا ہندوستان، میرے سپنوں کا جہان

مکرم نیاز

آج کا قاری اطلاعاتی و مواصلاتی ٹیکنالوجی کے ایسے عہدِ زریں میں جی رہا ہے جہاں انگلی کی چھوٹی سی حرکت پر انٹرنیٹ کے کسی سرچ انجن کے سہارے مطلوبہ مواد اپنے مطالعے یا اضافۂ معلومات کی خاطر حاصل کیا جاسکتا ہے۔ مگر ظاہر ہے کہ سائبر دنیا کو علمی و ادبی ذخیرے کا منبع بنانے کے لیے ہر زندہ زبان کے محبان کو اپنی ذمہ داری نبھانی ضروری ہے۔ لہذا راقم الحروف نے ۱۵/دسمبر ۲۰۱۲ کو 'تعمیر نیوز' کا آغاز بطور نیوز پورٹل کیا تھا جسے جنوری ۲۰۱۸ء سے ایک علمی، ادبی، سماجی اور ثقافتی پورٹل میں تبدیل کیا گیا۔ تبدیلی کی بنیادی فکر یہی رہی کہ اردوداں قارئین کے ذوقِ مطالعہ میں اضافہ کی خاطر انہیں صرف خبروں تک محدود رکھنے کے بجائے اردو زبان و ادب کے اس علمی ذخیرے سے مستفید کیا جائے جس کی سائبر دنیا میں آج بھی کمی محسوس کی جاتی ہے۔ بارہ (۱۲) سالہ طویل سفر کے دوران 'تعمیر نیوز' نے علمی و ادبی مواد کے انتخاب، معیار کی برقراری اور نوجوان قلمکاروں کی تحریروں کی تدوین، اشاعت اور ان کی حوصلہ افزائی کے لیے اپنا فریضہ نبھانے میں کوئی کوتاہی نہیں برتی ہے۔

انٹرنیٹ اور ویب سائٹس کی افادیت کے باوجود اس بات کا انکار نہیں کیا جاسکتا کہ کاغذی کتاب اور کتب خانے کی اہمیت ہر دور میں رہی ہے اور رہے گی بھی۔ یہی سبب ہے کہ ادارہ تعمیر نیوز کی جانب سے آن لائن پورٹل پر شائع شدہ منتخب تحریروں کو کتابی شکل میں طبع کرنے اور قومی و بین الاقوامی کتب خانوں میں ان کتب کو شامل کروانے کا منصوبہ بنایا گیا ہے تاکہ عہدِ قدیم و حاضر

کے قلمکاروں، رجحانات و موضوعات کو کاغذی صورت میں بھی محفوظ کیا جا سکے۔ اسی سلسلے میں مفید و معلوماتی کتابوں کی اشاعت عمل میں لائی جا رہی ہے۔

جیسے جیسے انسان تیزی سے مستقبل کی جانب بھاگ رہا ہے وہ ماضی کو بھی چھوڑتا چلا جا رہا ہے۔ نئی تاریخیں رقم ہو رہی ہیں اور تہذیب و ثقافت کا اس قدامت سے رشتہ منقطع ہو رہا ہے کہ جس سے کسی بھی ملک و قوم کے ابتدائی سفر کا پتہ ملتا ہے۔ ایسے میں کتاب ہی انسان کی ایسی دوست ثابت ہوتی ہے جو اپنے قاری کو ماضی میں لے جا کر اسے اپنے ملک و قوم کی تہذیب، تاریخ و ثقافت سے روشناس کراتی ہے۔ تہذیب، تمدن اور ثقافت کا تعلق انفرادی نہیں بلکہ اجتماعی ہے اور ہندوستان چونکہ ابتدا سے ہی مشترکہ تہذیب و تمدن کا سماج رہا ہے لہذا زبانوں کے علاوہ معاشرت، رسم و رواج اور معیشت جیسے معاملات میں ہندوؤں، مسلمانوں اور دیگر مذاہب کے متبعین نے ایک دوسرے سے کافی اثرات قبول کیے ہیں۔ قوی امکان ہے کہ ہندوستانی تاریخ کے اس سفر کا مطالعہ قاری کو ہندوستانی زندگی کے مختلف شعبوں جیسے معاشرت، سیاست، جغرافیہ، آرٹ، موسیقی، ادب، فلسفہ، مذہب، سائنس وغیرہ سے آگاہ کرے گا۔

وطنِ عزیز ہندوستان کی تاریخ، تہذیب و ثقافت کے موضوع پر زیر نظر تیسری کتاب "**ہندوستان: تہذیب و ثقافت** (حصہ اول)" میں جملہ ۱۳ منتخب مضامین شامل ہیں جو اپنی ایک خاص اہمیت کے حامل ہیں۔ امید ہے کہ اس کاوش کا علمی و ادبی حلقوں میں استقبال کیا جائے گا۔

مکرم نیاز

۲۹/ دسمبر ۲۰۲۴ء

حیدرآباد (تلنگانہ، انڈیا)

آزاد ہندوستان کے پہلے دستور کا اجرا:

۲۶ جنوری ۱۹۵۰

پروفیسر بی۔ بنرجی

۲۶/ جنوری ۱۹۵۰ کو آزاد ہندوستان کا پہلا کانسٹی ٹیوشن [Constitution] یعنی دستور اساسی عمل میں لایا گیا۔ یہ ہندوستان کی سیاسی تاریخ میں پہلا دستور ہے جسے ہندوستان کے باشندوں نے خود بنایا ہے۔ اس سے پیشتر ۱۹۳۵ء کے دستور کو برطانوی پارلیمنٹ نے بنایا تھا۔

آزاد ہندوستان کا نیا دستور ساز اسمبلی [Constituent Assembly] نے تقریباً تین (۳) سال کی محنت کے بعد بنایا۔ لیکن اس دستور ساز اسمبلی کے ممبر فقط ۱۴ فیصدی ہندوستانیوں کے نمائندہ تھے یعنی آزاد ہندوستان کا نیا دستور فقط ہندوستانی آبادی کے ۱۴ فیصدی باشندوں کی رائے کے مطابق بنایا گیا ہے۔

اس نئے دستور پر لوگوں کی مختلف آرا ہیں۔

آنجہانی شری سرت چندر بوس نے اس نئے دستور کو سیاسی دھوکہ (Political Fraud) کہا ہے۔ ان کے مطابق یہ دستور مکمل طور پر غیر جمہوری ہے اور صدر جمہوریہ کی لاتعداد و لامحدود طاقت کو تاناشاہی بتایا ہے۔

مشہور سوشلسٹ لیڈر شری جے پرکاش نرائن کے مطابق ہندوستان کا نیا دستور ایک مغالطہ ہے، ان کی رائے کے مطابق یہ دستور ۱۹۳۷ء سے کسی حالت میں کم تاناشاہی یاسامراجی نہیں ہے۔

مسٹر ایم۔این۔رائے اپنی کتاب [A glance at the Indian Constitution] میں لکھتے ہیں کہ ہندوستان کا نیا دستور فقط کانگریس پارٹی کے خیالات کے مطابق بنایا گیا ہے اور وہ شخص جو کہ آزاد خیالات رکھتا ہے اس کے حقوق بالکل کچل دیئے گئے ہیں۔

اس میں شک نہیں کہ ہمارا موجودہ دستور اساسی ملک کے صرف ۱۴ فیصد باشندوں کے نمائندوں کے ذریعہ بنایا گیا ہے اور اس میں بھی کوئی شک نہیں ہے کہ صدر جمہوریہ کی طاقت لامحدود ہے لیکن اگر ہم اس دستور کا غور سے مطالعہ کریں تو ہمیں اس بات کا احساس ہوتا ہے کہ اس کی خامیوں کے برعکس خوبیاں زیادہ ہیں۔

موجودہ دستور فیڈرل یعنی "وفاقی" ہے، جو باتیں "وفاقی ریاست" کے لیے ضروری ہیں وہ اس میں پائی جاتی ہیں مثلاً تحریری دستور [Written Constitution]، مرکز اور صوبائی حکومتوں کے درمیان طاقت کی تقسیم اور "عدالت عالیہ" اس دستور میں موجود ہے۔ ریاست ہائے متحدہ امریکہ، کناڈا، فرانس، جرمنی وغیرہ جمہوری ممالک کے دستور کی جھلک ہمارے دستور میں پائی جاتی ہے۔ لیکن ۸۰ فیصد [Gandhian Model] (گاندھیائی ماڈل) پر قائم ہے۔ سب سے خاص بات اس دستور میں یہ ہے کہ تحریری دستور ہونے کے باوجود ہمارا نیا دستور لچکدار یعنی [Flexible] ہے۔ دوسری خصوصیت یہ ہے کہ اس دستور کے مطابق ہندوستان ایک غیر مذہبی جمہوریہ [Secular

[Democratic State] بن گیا ہے۔

انصاف، مساوات و آزادی ہمارے ملک کے نئے دستور کی بنیادی خصوصیات ہیں۔ مذہبی، سماجی، سیاسی آزادی خاص طور پر اس دستور کے عطیہ ہیں۔

وفاقی ہونے کے باوجود ہمارے ملک کا دستور پارلیمانی ہے۔

نئے دستور کے مطابق آزاد جمہوریہ ہندوستان کا حاکم اعلیٰ صدر کہلاتا ہے۔ اس صدر کا انتخاب ہندوستانی پارلیمان کے دونوں ایوانوں کے ارکان اور ریاستوں کی لیجسلیٹیو اسمبلی کے ممبران کے ذریعہ بالواسطہ طریقہ سے ہوگا۔ ایک انتخابی کالج جس میں پارلیمنٹ کے دونوں ایوانوں کے ممبر اور ریاستی مجالس قانون ساز کے ممبر صدر کو منتخب کریں گے۔

وہی شخص صدر کے انتخاب کے لیے کھڑا ہو سکتا ہے جو ہندیونین کا شہری ہو اور ۳۵ سال سے کم عمر کا نہ ہو۔ اس کے علاوہ وہی تمام شرائط پوری کرتا ہو جو ایوان عام کی رکنیت کے لیے ضروری رکھی گئی ہیں۔ صدر پانچ سال تک کام کرے گا لیکن اسے مستعفی ہونے کا حق حاصل ہے، اور اگر وہ دستور کے خلاف کوئی کام کرے گا تو پارلیمنٹ کے دونوں ایوانوں کے ارکان اسے استعفیٰ دینے پر مجبور کر سکتے ہیں۔

صدر کے اختیارات:

نئے دستور کے مطابق صدر جمہوریہ کو مندرجہ ذیل اختیارات دیئے گئے ہیں:

(۱) صدر، یونین کی مجلس انتظامیہ کا حاکم اعلیٰ ہے، اس کے علاوہ بحری، بری اور ہوائی فوج کا بھی حاکم اعلیٰ ہے۔

(۲) ہند یونین کی بڑی بڑی ملازمتیں مثلاً ریاستوں کے ہائی کورٹ کے ججوں کا تقرر،

سپریم کورٹ کے ججوں کا تقرر یعنی آڈیٹر جنرل آف انڈیا [Auditor General of India]، اٹارنی جنرل آف انڈیا [Attorney General of India] اور مرکزی پبلک سروس کمیشن کے چیرمین [UPSC Chairman] و ممبران کا تقرر صدر کرے گا۔

(۳) وزیر اعظم کا تقرر اسی کے ہاتھ میں ہے اور جب وہ چاہے وزیر اعظم کو برخاست کر سکتا ہے۔ دیگر وزرا کی تقرری کے لیے بھی اس کی اجازت ضروری ہے۔

(۴) صدر کو قانون سازی کے کافی اختیارات دیئے گئے ہیں، بغیر اس کی مرضی کے، کوئی بھی قانون نہیں بن سکتا ہے خواہ وہ بل ریاستی ہو یا مرکزی۔

(۵) صدر کو پارلیمنٹ کی منظوری کے بغیر خاص قوانین یعنی [Constitution] بنانے کا حق حاصل ہے۔

(۶) اگر صدر چاہے تو کسی بل کو قانون بنا سکتا ہے۔

(۷) صدر کی مرضی کے بغیر پارلیمنٹ کسی مالی بل کو قانون نہیں بنا سکتی۔

(۸) اگر صدر چاہے تو اپنے حکم کے بموجب ملک کے عام انتخابات [General Elections] کو ملتوی کر سکتا ہے۔

مذکورہ بالا اختیارات کے علاوہ صدر جمہوریہ کو خاص اختیارات حاصل ہیں جو ہنگامی یا ناگہانی حالت میں وہ استعمال کر سکتا ہے۔

نمبر (۱): اگر ملک میں ہنگامہ برپا ہونے کا اندیشہ ہے یا بیرونی حملہ کا خطرہ ہے یا کوئی اندرونی بغاوت کا اندیشہ ہے تو صدر کو اختیار ہے کہ پارلیمنٹ کی مرضی کے بغیر خاص قوانین جاری کر سکتا ہے لیکن تین ماہ کے عرصہ کے بعد اس کو لازم ہے کہ پارلیمنٹ کے

روبرو ان قوانین کو پیش کرے۔

نمبر (۲): اگر صدر کو اس بات کا یقین ہو جائے کہ دستور کی مشین چلنے کے قابل نہیں ہے یا مرکزی حکومت یا کوئی ریاستی حکومت اس قابل نہیں ہے کہ ٹھیک طرح چل سکے تو وہ خاص اختیارات کے بموجب دستور میں تبدیلی کر سکتا ہے اور انہیں رد بھی کر سکتا ہے، اور مرکزی حکومت انتظامیہ یا کسی ریاستی حکومت انتظامیہ کے کل اختیارات اپنے ہاتھ میں لے سکتا ہے۔

نمبر (۳): اس میں شک نہیں کہ نئے دستور کے مطابق ہندوستان کے صدر جمہوریہ کو نہایت وسیع، لاتعداد اور بے انتہا اختیارات دیئے گئے ہیں جو کہ جمہوریت کے بنیادی اصول کے خلاف ہیں۔ واقعی صدر کو وہی اختیارات حاصل ہیں جو کہ جرمنی میں ہٹلر کو اور اٹلی میں مسولینی کو حاصل تھے۔ پروفیسر کے۔ ٹی۔ شاہ [K. T. Shah] نے اپنی ایک تقریر میں سچ کہا کہ :

"میری سمجھ میں نہیں آتا کہ آزاد جمہوریہ ہند کے صدر اور برٹش گورنر جنرل کے اختیارات میں کوئی فرق نہیں ہے۔ ہمارے صدر کو بھی وہی اختیارات حاصل ہیں جو کہ ۱۹۱۹ء اور ۱۹۳۵ء کے دستور کے مطابق برطانوی گورنر جنرل کو حاصل تھے۔ اور ان اختیارات پر ہمارے کانگریسی لیڈر بری طرح نکتہ چینی کیا کرتے تھے۔ نہایت افسوس کی بات ہے کہ آزاد ہندوستان کا قومی صدر اپنی مرضی کے مطابق عوام کے ذریعہ منتخب شدہ مجلس قانون ساز کو توڑ سکتا ہے، ایسا اختیار نہ تو امریکہ کے صدر کو حاصل ہے اور نہ ہی فرانس کے صدر کو۔"

اگرچہ دستور میں یہ بات صاف طور پر نہیں لکھی گئی ہے تو بھی عموماً صدر اپنے ان

اختیارات کو استعمال نہیں کرے گا۔ ایک سال کے عرصہ میں (۱۹۵۰ سے ۱۹۵۱ تک) ہم نے دیکھا ہے کہ ہمارے موجودہ صدر نے اپنے اختیارات کا کوئی ناجائز فائدہ نہیں اٹھایا۔ لیکن پھر بھی ایک جمہوری حکومت کے صدر کو اس قدر وسیع اور لامحدود اختیارات کا دینا مناسب نہیں ہے۔ علاوہ ازیں صدر کا انتخاب بذریعہ عوام ہونا چاہیے جیسا کہ امریکہ میں ہوتا ہے۔

https://www.taemeernews.com/2020/01/constitution-of-india-critical-study.html

※ ※ ※

چھبیس (۲۶) جنوری ۱۹۵۰: یومِ نفاذ دستور:

دستور ہند کا خاکہ

سید عبدالمجید / محمد علی حسین

۲۶ / جنوری ۱۹۵۰ء کو ہندوستان میں اس جدید دستور کا نفاذ ہوا۔

یہ تاریخ اس لئے مقرر ہوئی کہ اسی تاریخ کو ۲۰ سال پہلے مہاتما گاندھی جی کی زیر قیادت آزادئ ہند کی قرارداد اہل ہند نے منظور کی تھی۔ اس دستور کی نوعیت شاہی جمہوریہ عمومی ہے۔ شاہی اقتدار عوام سے پیدا ہوا، انصاف، آزادی، مساوات اور بھائی چارگی جمہوری حکومت کے لوازم ہیں، جن کا ذکر اس دستور کی تمہید میں صراحتاً کیا گیا ہے اور احکام مابعد میں مذکورہ اصولوں کی نسبت یقین دلایا گیا ہے۔ چنانچہ عمومیت کے تصور میں حکومت کا صدر کوئی موروثی حکمران مقرر نہیں کیا گیا، دستور کی ترکیب وضع وفاقی ہے یعنی مرکزی حکومت اور ریاستی حکومتیں دونوں موجود ہیں۔ جس میں ہر حکومت اپنے حدود میں پورے اختیارات استعمال کرتی ہے۔

دستور میں ہندوستان کو ریاستوں کی ایک یونین کہا گیا ہے، اگرچیکہ 'وفاق' کی بجائے لفظ 'یونین' استعمال ہوا ہے لیکن یہ یونین دراصل ایک وفاقی یونین ہے جو امریکہ کی وفاقی حکومت کے مماثل ہے۔ ہمارے دستور کی خاص خوبی یہ ہے کہ بظاہر اس کی دوہری

وحدت ہے مگر یونین کے استحکام کے لئے اس کے مقاصد یکساں ہیں مثلاً امریکہ میں دوہری شہریت ہے (۱) وفاقی شہریت اور (۲) ریاستی شہریت۔ مگر ہندوستان میں یونین کی ایک ہی شہریت ہے اور یہ بھی ۲۶/ جنوری ۱۹۵۰ء کی بجائے، ۲۶/نومبر ۱۹۴۹ء یعنی تاریخ منظوریٔ دستور سے قائم ہوگئی (دفعہ ۳۹۴)۔

ہمارے دستور میں عدلیہ واحد ہے۔ دیوانی اور فوجداری قوانین میں یکسانیت ہے۔ کل ہند خدمات یونین اور ریاستوں کے لئے ایک ہی حدود میں محدود ہیں، کسی ریاست کو ہرگز یہ اختیار نہیں ہے کہ وہ یونین سے الگ ہو جائے یا اپنا علیحدہ دستور بنائے۔ امریکہ کے دستور میں مقننہ، عاملہ اور عدلیہ ایک دوسرے سے الگ الگ ہیں، مقننہ جو کوئی قانون جاری کرے عدلیہ کو اس کی جانچ کا پورا اختیار حاصل ہے، یہاں تک کہ وہاں نظریہ پولیس کا ایک جدید اصول وضع کیا گیا ہے جو عوام کے سود و بہبود سے متعلق ہے، جس میں حفظان صحت، معاشری سماج اور عافیت عامہ کی ترقی شامل ہے۔

(ملاحظہ ہو دستوری قیود مصنفہ کولے، جلد ۲ صفحہ ۱۲۲۳۔ اشاعت ہشتم)

اس کے برعکس انگلستان کی پارلیمان اعلی ترین ادارہ ہے، عدلیہ کو کوئی اختیار نہیں ہے، کہ پارلیمان کے بنائے ہوئے قانون پر کوئی نقد و تبصرہ کرے۔ ہمارے دستور کی مقننہ اور عدلیہ، امریکہ اور انگلستان کے بین بین ہے کہ جہاں ایک طرف مقننہ اپنی قانون سازی میں بلند ترین درجہ میں ہے اس کے ساتھ ہی عدلیہ کو یہ اختیار دیا گیا ہے کہ وہ اس بات کی جانچ کرے کہ کسی جدید قانون کے ذریعہ یا سابقہ قانون سے دستور کے بنیادی حقوق تو متاثر نہیں ہوتے؟ جس صورت میں عدلیہ کے ذریعہ ضمانت دی گئی ہے کہ تاحد مغائرت نافذہ قانون کالعدم ہوگا۔

اس طرح ہمارا دستور مقننہ انگلستان کے اعلی ترین اقتدار اور امریکہ کی سپریم

کورٹ کے اعلی ترین اقتدار کے درمیان ایک صلحنامہ ہے۔ ہمارے دستور کی عدلیہ کا یہ معین اختیار بظاہر اس لئے بھی ضروری تھا کہ مقننہ اور عاملہ ہندوستان کے پارٹیوں کی اکثریت پر موقوف ہیں جہاں باعتبار حالات و زمانہ، تبدیلی کا امکان ہے اس لئے عدلیہ کو خود مختاری بخشنا ہمارے دستور کا خاصہ ہے جو اپنے اقتدار میں بالکل آزاد ہے۔

اس طرح ہمارے دستور میں ہر قسم کی گنجائش اور لچک موجود ہے کہ جہاں یونین کی پارلیمان کو ایک طرف اپنے ابواب کی نسبت قانون سازی کے پورے اختیارات حاصل ہیں تو دوسری طرف آسٹریلیا کے دستور کے مطابق پارلیمان کو متبادل فہرست کے اختیارات قانون سازی بھی حاصل ہیں، نیز ہمارے دستور میں ترمیم دستور کی بھی کافی لچک اور گنجائش موجود ہے جس کے لئے نہ استصواب عامہ کی ضرورت ہے اور نہ کسی میثاق کی پابندی۔ ہمارے دستور کی اہم خوبی یہ ہے کہ وہ جہاں ایک طرف وفاقی ہے ساتھ ہی باعتبار حالات وحدانی بھی ہے مثلاً جنگ یا قومی مفاجاتی حالت میں سارا ہندوستان ایک واحد اکائی ریاست میں مبدل ہو جاتا ہے۔

دستور ہند میں صدر جمہوریہ سے یہ مراد نہیں ہے کہ امریکہ کے صدارتی طرز کا صدر ہے بلکہ پارلیمانی جمہوریہ کی طرز کا صدر ہے۔ اسی طرح ہند کی عاملہ بھی عوام کے پاس ذمہ دار ہے جو پارلیمان کی اکثریت پر قائم ہوتی ہے چنانچہ یہی عمل انگلستان کا ہے لیکن امریکہ میں عاملہ عوام کے پاس ذمہ دار نہیں ہے بلکہ صدر جمہوریہ ہی میعادی عاملہ کا اعلی ترین صدر ہے۔

دستور ہند کے ۳۹۵ دفعات اور ۸ ضمیمے ہیں۔

بظاہر یہ دستور طویل معلوم ہوتا ہے کیونکہ اس میں کے کئی احکام کو دیگر ممالک کے دستور میں عام قوانین کے ذریعہ طے کیا گیا ہے مگر اس کی اہمیت کا اندازہ اس وقت ہو جاتا

ہے جب کہ ہندوستان کی وسعت اور اس کی آبادی اور مختلف النوع مفادات کا خیال رکھا جائے جس کے باعث تحفظات ضروری ہیں۔ اس کے علاوہ ہندوستان کی جدید آزاد شدہ مشنری کو خاطر خواہ چلانے کے لئے دیگر ممالک کے مختلف دساتیر پر نظر رکھ کر تفصیل سے احکام مدون کرنا ضروری تھا۔ مثال کے طور پر یہ کہا جاتا ہے کہ ہدایتی اصول کو باب چہارم میں قائم کرنے کی ضرورت نہ تھی کیونکہ کسی اور دستور میں ایسے اصول محکوم نہیں ہیں جن کی پابند عدلیہ نہ ہو۔ یہ صحیح ہے کہ ہدایتی اصول کو صرف آزاد ریاست آئرلینڈ کے دستور کے مد نظر شریک کیا گیا ہے، مگر یہ اصول عاملہ اور مقننہ کے لئے ایک ہدایت نامہ ہے بلکہ ہر انتخاب کے موقعہ پر ایک نظام نامہ ہے کہ جن کے ذریعہ برسر اقتدار پارٹی اپنی کارکردگی کو نمایاں کر سکتی ہے۔

ہند کی یونین (۲۸) ریاستوں اور جزائر انڈومان و نکوبار پر شامل ہے۔ ریاستیں تین درجوں میں تقسیم ہیں۔ (باب: الف) جن کو سابق میں گورنر کے صوبہ جات کہا جاتا تھا (باب: ب) جو دیسی ریاستوں کے نام سے موسوم تھے اور (باب: ج) جو چیف کمشنر کے علاقے سمجھے جاتے تھے۔

۱۵/ اگست ۱۹۴۷ء کی آزادیٔ ہند کے بعد ہندوستان کا یہ عظیم الشان تاریخی کارنامہ ہے کہ اس کی (۵۰۰) سے زیادہ دیسی ریاستیں ہندوستان میں ضم یا شریک ہو کر اس وقت باب (ب) میں (۹) اور باب (ج) میں (۷) اس طرح کل (۱۶) ریاستوں کی تشکیل ہوئی ہے۔ اس وقت یہ ریاستیں ہندوستان کے دوسرے صوبوں کے دوش بدوش مساوی وحدتوں کے موقف میں ہیں۔

دستور ہند پہلے شہریت سے بحث کرنے کے بعد بنیادی حقوق کو واضح کرتا ہے جن کی تعداد (۷) ہے۔

(۱)مساوات کا حق (۲) آزادی کا حق (۳)غصب کے خلاف حق (۴) مذہب کی آزادی کا حق۔(۵)ثقافتی اور تعلیمی حقوق(۶)جائداد کا حق(۷)آئینی چارہ کار کا حق۔

دفعہ ۱۷میں چھوت چھات کو جرم قرار دیا گیا ہے، دفعہ ۱۹ہر شہری کو آزادی کا حق بخشتا ہے۔

(۱) تقریر اور اظہار خیال کی آزادی (۲) مجتمع ہونے اور (۳) جماعتیں قائم کرنے کی آزادی۔ (۴) نقل و حرکت کی آزادی (۵) سکونت اور قیام کی آزادی (۶) جائداد حاصل اور اس پر قبضہ اور تصرف کی آزادی۔(۷)پیشہ تجارت یا کاروبار کی آزادی۔

دفعہ (۲۱) شخصی اور ذاتی آزادی عطا کرتا ہے، دفعہ (۳۱) جائداد کی آزادی پر موثر ہے اور دفعہ (۳۲) بنیادی حقوق کے حصول کا چارہ کار عطا کرتا ہے۔ دفعہ (۲۱) میں الفاظ ضابطہ "معینہ قانون" جاپان کے دستور سے اخذ کئے گئے ہیں۔ امریکہ کے دستور میں "مناسب طریقہ قانون" کے الفاظ درج ہیں جس کے باعث وہاں عدلیہ کو ہر جہت سے برتری دی گئی ہے، ہدایتی اصول میں یہ بتلایا گیا ہے کہ ہر ریاست کو کیا کرنا چاہئے جس میں اہم امور یہ ہیں کہ:

(۱) عوام کے سود و بہبود کو ترقی دے (۲) شہریوں کے ذرائع معاش کے لئے مناسب وسائل مہیا کرے (۳) کام کرنے اور تعلیم پانے کا حق ہو (۴) بیروزگاری کی صورت میں امداد حاصل ہو مثلاً ضعیفی بیماری اور معذوری کی حالت میں امداد (۵) کام لینا انسانی ہمدردی پر مبنی ہو اور عورتوں کو زچگی کی سہولتیں دی جائیں۔(۶) چودہ سال کے بچے تک جبری اور مفت تعلیم ہو (۷) مئے نوشی کا انسداد ہو (۸) بین الاقوامی چین اور امن میں اضافہ ہو۔

یونین کے اعضا رئیسہ (۱)عاملہ (۲)مقننہ (۳)عدلیہ ہیں۔

عاملہ کا اعلیٰ ترین افسر صدر جمہوریہ ہے ، تمام عاملانہ کاروبار اسی کے نام سے انجام پاتے ہیں، اس کا انتخاب ایک انتخابی کالج کے ذریعہ ہوتا ہے جو مرکز اور ریاستوں کے ایوان ہائے مقننہ کی متناسب نمائندگی پر واحد قابل انتقال رائے کے ذریعہ ہوتا ہے۔ اس کی میعاد پانچ سال کی ہے مگر انتخاب مکرر کا بھی صدر جمہوریہ اہل قرار دیا گیا ہے۔ دستور کی خلاف ورزی کا الزام اس کی علیحدگی کا موجب ہو سکتا ہے۔ نائب صدر جمہوریہ بھی مرکزی ایوان مقننہ سے متناسب نمائندگی کے اصول پر منتخب ہوتا ہے جس کی میعاد پانچ سال ہے۔ امریکہ کی طرح ہندوستان کے وہ بالائی ایوان کا باعتبار عہدہ صدر نشین ہے ، صدر جمہوریہ کی اتفاقی غیر موجودگی میں نائب صدر جمہوریہ فرائض صدارت انجام دیتا ہے مگر امریکہ کی طرح نائب صدر صدارت کی مقررہ میعاد تک وہ فرائض انجام نہیں دیتا ،بلکہ صدر جمہوریہ ہند کے انتخاب تک فرائض صدارت انجام دیتا ہے۔

مرکزی حکومت کی نوعیت بالکلیہ پارلیمانی طرز کی حکومت ہے۔ صدر جمہوریہ کی وہی پوزیشن ہے جو انگلستان کے دستور میں بادشاہ کا درجہ ہے۔ صدر جمہوریہ کو امداد اور مشورہ ایوان وزراء کی جانب سے دیا جاتا ہے جو زیریں ایوان کے پاس اجتماعی طور پر ذمہ دار ہے۔ صدر جمہوریہ اپنے وزراء کے مشورہ کا پابند ہے اور اس کے تعلقات وزراء کے ساتھ اس طرح ہیں جس طرح شاہ انگلستان کے تعلقات اپنے وزراء سے مربوط ہیں۔ یہ ضرور ہے کہ اس دستور میں صاف اور کھلے الفاظ میں یہ نہیں بتلایا گیا کہ صدر جمہوری ہمیشہ وزراء کے مشورہ پر عمل کرے مگر اس عمل کو انگلستان کی طرح صرف میثاق پر چھوڑ دیا گیا ہے۔

پارلیمان صدر جمہوریہ اور دو ایوان پر مشتمل ہے بالائی ایوان مجلس مملکت اور زیریں ایوان مجلس عمومی کے نام سے موسوم ہے۔ مجلس مملکت کے (۲۵۰) ارکان ہیں

جن میں (۱۲) صدر جمہوریہ کے نامزد شدہ ہوتے ہیں جو خصوصی علم یا وسیع تجربہ کے حامل ہوں اور بقیہ ریاستوں کے نمائندگان ہیں۔ یہ نمائندگی آبادی کے تناسب سے قائم کی گئی ہے۔ ریاستوں میں جہاں ایوان مقننہ ہوں تو نمائندگان انتخاب کے ذریعہ مقرر ہوتے ہیں اور جہاں ایوان قانون نہ ہو تو نمائندگان کو اس طرح منتخب کیا جاتا ہے جس طرح پارلیمان مقرر کرے۔ ایوان عمومی (۵۰۰) سے کم ارکان پر مشتمل نہیں ہے جو ریاست میں ہر بالغ رائے دہی کی اساس پر منتخب ہوتا ہے۔

ہر ساڑھے سات لاکھ کی آبادی پر جو پانچ لاکھ سے کم نہ ہو ایک رکن کو منتخب کیا جاتا ہے۔ ایوان مملکت ایک مستقل ادارہ ہے، وہ کبھی تحلیل نہیں ہوتا ہر دوسرے سال کے ختم پر ایک تہائی ارکان علیحدہ ہوتے ہیں۔ ایوان عمومی کی عام میعاد پانچ سال ہے۔

پارلیمان کے انتخابات، ریاستوں کے ایوان ہائے قانون کے انتخابات، صدر جمہوریہ ہند اور نائب صدر جمہوریہ کے انتخابات میں غیر جانبداری اور انصاف سے کام لینے کے لئے صدر جمہوریہ ایک کمیشن مقرر کرنے کا مجاز ہے۔ صدر انتخابی کمشنر کا مرتبہ بھی سپریم کورٹ کے جج کی طرح ہے جو اپنے عمل میں آزاد اور عاملہ کی دست بُرد سے محفوظ ہے۔ فرقہ وارانہ اور جداگانہ انتخابات کو اس دستور میں ختم کر دیا گیا ہے۔ پارلیمان کی ایوان عمومی اور ریاستوں کی ایوان مقننہ کے انتخابات ہر بالغ رائے دہی کے اساس پر مبنی ہیں۔

صدر جمہوریہ پارلیمان کی ہر میقات پر شاہ انگلستان کی طرح اپنا خطبہ پیش کرتا ہے جس میں پارلیمان کو بحث کا موقعہ ملتا ہے۔ مالی مسودہ قانون کے سوا ہر مسودہ قانون کی ابتدا پارلیمان کے کسی ایک ایوان سے ہو سکتی ہے، اور دونوں ایوان منظور کر لینے کے بعد صدر جمہوریہ کی منظوری سے وہ مسودہ بہ شکل قانون نافذ ہوتا ہے۔ دونوں ایوان میں اختلاف کی صورت میں مالی مسودہ قانون کو چھوڑ کر دوسرے مسودات کی نسبت صدر

جمہوریہ دونوں ایوان کا مشترکہ اجلاس طلب کرتا ہے اور اکثریت آراء سے وہ مسودہ منظور کیا جاتا ہے۔ مالی مسودہ صرف ایوان عمومی میں پیش ہوتا ہے جہاں سے منظور ہونے کے بعد مجلس مملکت میں اپنی سفارشات کے ساتھ چودہ دن کے اندر واپس بھیجنے روانہ کیا جاتا ہے۔ اگر ایوان عمومی مجلس مملکت کے سفارشات سے اتفاق نہ کرے تو وہ مالی مسودہ پارلیمان کا منظور شدہ مسودہ سمجھا جائے گا عام اس سے کہ مجلس مملکت کے سفارشات قبول ہوں یا نہ ہوں۔ ایوان عمومی جو خرچ منظور کرے اس کو صدر جمہوریہ مصدق نہیں کرتا بلکہ اس منظورہ خرچ کو مسودہ قانون کی شکل میں بغرض منظوری پیش کیا جاتا ہے اس طرح سالانہ موازنہ کے وقت ایوان عمومی کو ہر مطالبہ پر کافی بحث و غور کا موقعہ ملتا ہے۔

عدلیہ، اس دستور کا اہم عنصر ہے کہ کیونکہ عدلیہ کا ہی واسطہ کار ہے جہاں ریاستوں کے مختلف عناصر میں متعدد قیود پر نگرانی اور ان کا تحفظ کیا جاتا ہے۔ ہندوستان کی ساری عدالتیں ایک ہی واحد رشتہ میں منسلک ہیں جس کی اعلیٰ ترین عدالت سپریم کورٹ ہے۔ سپریم کورٹ کے ماتحت ریاست کی ہائی کورٹ ہے اور ہائیکورٹ کے زیر اثر عدالت ہائے تحت ہیں۔ سپریم کورٹ کا ہر جج منجانب صدر جمہوریہ مقرر ہوتا ہے اور ۶۵ سال کی عمر تک مامور بہ خدمت رہ سکتا ہے، جج کی ماموری کے لئے وہ ہندوستان کا شہری ہونا، کسی ہائی کورٹ کا پانچ سال کے لئے جج ہونا یا دس سال تک ایڈوکیٹ ہونا ضروری ہے، ایسے جج کو قبل از وقت صدر جمہوریہ کے حکم سے اس وقت علیحدہ کیا جا سکتا ہے جب کہ پارلیمان کے ہر ایوان کی اکثریت اور ارکان موجودہ کی دو تہائی اکثریت رائے سے اس کی علیحدگی کا مطالبہ ہو۔ ہر جج علیحدہ ہونے کے بعد وکالت نہیں کر سکتا اس طرح جمہوریہ ہند میں عدلیہ کی آزادی کو قائم رکھنے کے ہر ممکنہ وسائل اختیار کئے گئے ہیں۔

ہندوستان کے دستور میں سپریم کورٹ کو جس قدر وسیع اختیارات ہیں وہ کسی اور

وفاق کی اعلیٰ ترین عدالت کو حاصل نہیں ہے۔ امریکہ کی سپریم کورٹ بھی ایک عام عدالت مرافعہ نہیں ہے ہندوستان کی سپریم کورٹ کو یونین اور ریاست یا ریاستوں کے درمیان یا آپس میں ریاستوں کے درمیان ہر نزاع کا جداگانہ اختیار سماعت حاصل ہے، سپریم کورٹ سارے ہائی کورٹوں کی عدالت مرافعہ ہے جس میں مسائل قانونی جو دستور ہند کی تعبیر پر موثر ہوں اس کے اختیار سماعت میں داخل ہیں اس کے اختیارات بعینہ انگلستان کی پریوی کونسل کے مماثل ہیں۔

سپریم کورٹ کو بعض خاص مقدمات فوجداری میں بھی مرافعہ کے اختیارات سماعت حاصل ہیں، اس کو نگرانی کے اختیارات نہ صرف ہائیکورٹوں پر حاصل ہیں بلکہ ان خصوصی حکام پر بھی حاصل ہیں جو قانون کی خاص اصطلاح میں عدالتیں نہیں سمجھے جا سکتے۔ اس کو بنیادی حقوق کے اختیارات نافذ کرنے میں خصوصی اقتدار حاصل ہے، سپریم کورٹ کناڈا کے سپریم کورٹ کی طرح خاص مشاورتی عدالت بھی ہے۔ ہائیکورٹوں کی تعظیم بھی اس اصول پر مبنی ہے جس طرح کہ سپریم کورٹ کی قرار دی گئی ہے اور جج صاحبان جو صدر جمہوریہ کی جانب سے مقرر ہوتے ہیں اونہی حقوق اور مراعات سے مستفید ہوتے ہیں جو سپریم کورٹ کے ججوں کو حاصل ہیں ہائیکورٹ کا جج صرف ۶۰ سال کی عمر کو پہونچنے پر علیحدہ ہو گا۔

ہائی کورٹ کو وہی اختیار سماعت حاصل ہیں جو نفاذ دستور ہند سے عین ماقبل حاصل تھے لیکن بعض قیود جو سابق میں اختیار سماعت کے استعمال میں عارض تھے وہ دور کر دئے گئے۔ ہر ہائی کورٹ کو حکمنامہ کے شاہی اختیارات اپنے ایسے حدود میں، جہاں کہ مرافعہ کا اختیار سماعت نافذ ہے یہاں تک کہ وہ حکمنامہ "کسی اور غرض کے لئے" بھی مستعمل ہو سکتا ہے۔ یہ اختیار سپریم کورٹ کو بہ نوبت ابتدائی حاصل نہیں ہے، (ملاحظہ ہوں دفعات

۲۲۶ و ۳۲) امور مالگزاری کے اختیار سماعت سے متعلق سابق میں جو قیود تھے وہ اب برخاست ہوکر ہائیکورٹ سے متعلق کئے گئے ہیں (ملاحظہ ہو دفعہ ۲۲۵) نیز ٹریبونل پر بھی نگرانی کا اقتدار ہائی کورٹ کو حاصل ہے۔

ریاستوں میں باب (الف) کی ریاستوں کا صدر گورنر ہے اور باب (ب) کی ریاستوں کا صدر راج پرمکھ ہے جسے صدر جمہوریہ نے تسلیم کیا ہو۔ گورنر کا تقرر منجانب صدر جمہوریہ پانچ سال کی میعاد کے لئے ہوگا، نظم ونسق کا دستوری طریقہ دونوں اقسام کی ریاستوں میں یکساں اور متحد ہے۔ گورنر یا راج پرمکھ مجلس وزراء کے مشورہ پر عمل کرتا ہے جو مجلس ریاستی ایوانی مقننہ کے پاس یعنی ریاست کی زیرین ایوان کے پاس ذمہ دار ہے۔ ہر ریاست کی ایک ایوان مقننہ ہے جو گورنر یا راج پرمکھ پر مشتمل ہے اور بعض ریاستوں میں دو ایوان ہیں ایک مجلس مقننہ اور دوسری مجلس قانون ساز۔ پارلیمان بذریعہ قانون ایسی مجلس قانون ساز کو یا تو ختم کرسکتا ہے یا جدید طور پر قائم کرسکتا ہے۔ مجلس مقننہ ایسے ارکان پر مشتمل ہوگی جو بالغ رائے دہی کی اساس پر منتخب ہوں۔ ہر رکن پون لاکھ کی آبادی کے تناسب سے مقرر ہوگا مگر کسی مقننہ میں ساٹھ سے کم اور پانچ سو سے زیادہ ارکان نہ ہونگے۔ مجلس قانون ساز کے ارکان مجلس مقننہ کے ارکان کے ایک چوتھائی پر مشتمل ہونگے مگر کسی حال اس میں چالیس سے کم ارکان نہ ہون گے جس میں سے نصف ارکان مجلس مقامی جامعات کے طیلسانین اور مدرسین کی طرف سے منتخب ہوں گے ایک تہائی ارکان مقننہ کی جانب سے منتخب ہونگے جو فی الواقع ارکان مقننہ نہ ہوں اور بقیہ گورنر کے نامزد شدہ ہونگے۔

مسودات قانون کی پیش سازی کا طریقہ کار قریب قریب ایسا ہی جیسا کہ پارلیمان کا ہے لیکن کسی ایسی ریاست میں جہاں قانون کے دو ایوان ہوں وہاں کسی مسودہ قانون کی

نسبت اختلاف ہونے پر مشترکہ ایوان کے اجلاس کی نسبت کوئی احکام نہیں ہیں جیسا کہ پارلیمان کے دونوں ایوان کی صورت میں ہیں۔ مگر کسی حال بھی زیرین ایوان کا فیصلہ قطعی اور قابل عمل ہو گا۔

تیسرا اجزوریاستون کے باب (ج) کا ہے ان کا نظم ونسق مرکزی حکومت کی جانب سے بواسطہ چیف کمشنر مقرر کردہ صدر جمہوریہ ہوتا ہے البتہ پارلیمان کو ایوان مقننہ یا مشاورتی مجلس یا کوئی اور اقتدار قائم کرنے کا اختیار حاصل یہ تاکہ خود اختیاری طریقہ نظم ونسق قائم ہو سکے جزائر نکوبار اور انڈمان کا نظم ونسق مثل سابق مرکزی حکومت ہند سے متعلق ہے اور صدر جمہوریہ عمدہ حکمرانی کے لئے دساتیر العمل جاری کر سکے گا۔

پست علاقوں کے نظم ونسق کے لئے بھی دستور میں خاص احکام وضع ہوئے ہیں ضمیمہ جات پنجم اور ششم درج فہرست فرقوں اور قبائل کی نسبت مختص ہیں جس میں یہ اصول ملحوظ رکھا گیا ہے کہ اس رقبہ کے سکونتی باشندوں کا قریبی ربط حکومت سے رہے۔ درج فہرست فرقوں اور قبائل کے لئے ایوان ہائے مقننہ میں دس سال کے لئے خصوصی نشستوں کی مراعات دی گئی ہیں اس طرح ان کو تحفظات عطا کرنے کے لئے صدر جمہوریہ ایک خصوصی عہدہ دار بھی مقرر کرے گا دس سال کی مدت گزرنے پر ان کے حالات کی دریافت کے لئے ایک کمیشن کے تقرر کو بھی محفوظ کیا گیا ہے نیز دیسی عیسائیوں کو بھی تعلیم اور ملازمتوں سے متعلق میعادی مراعات دئے گئے ہیں۔

یونین اور ریاستوں کے یہ تعلقات ہیں کہ اس دستور کی تین فہرستیں ہیں۔ فہرست اول یونین کے اختیارات، فہرست دوم ریاستوں کے اختیارات اور فہرست سوم یونین یا ریاست کے متبادل اختیارات سے متعلق ہے جو امور کسی ایک فہرست میں درج نہ ہوں وہ کناڈا کے پارلیمان اور یونین سے متعلق ہیں۔ پارلیمان کو باب (ج) کی ریاستوں کے لئے

نیز جزائر انڈمان اور نکوبار کے لئے ان قوانین کے وضع کرنے کا اقتدار حاصل ہے جو ریاستی فہرست میں مندرج ہیں۔

ریاستی ابواب میں مرکز کو غیر متوقعہ قومی مفاجات سے عہدہ بر آ ہونے کے لئے مداخلت کا اختیار حاصل ہے چنانچہ حال میں ۱۵ اگست ۱۹۵۰ء سے رسد اور قیمتوں پر قابو پانے کے لئے مرکزی نگرانی کا ایک قانون نافذ کیا گیا۔ مرکز کا یہی اقتدار جنگ اور بیرونی حملوں کی صورتوں پر بھی محیط ہے متبادل فہرست کے ابواب میں جہاں مرکزی قانون اور ریاستی قانون میں فرق یا اختلاف ہو تو مرکزی قانون قابل نفاذ ہو گا۔

مالیات سے متعلق انگلستان اور مملکت آسٹریلیا اور کنیڈا کو ملحوظ رکھتے ہوئے یونین اور ریاستوں کے لئے علیحدہ علیحدہ منضبط فنڈ قائم کئے گئے ہیں۔ یونین کی یا ریاستوں کی جو بھی متعلقہ آمدنی ہو وہ اپنے اپنے متعلقہ فنڈ میں جمع ہو گی۔ مالیاتی مسائل میں پارلیمان کا اقتدار اعلیٰ اس طرح تسلیم کیا گیا ہے کہ یونین یا ریاستوں کے منضبط فنڈ کی گنجائش سے کوئی رقم برداشت نہیں کی جائے گی جب تک کہ یونین کی پارلیمان سے ریا ریاستی ایوان مقننہ سے ایسی منظوری بذریعہ قانون نہ لی جائے۔ پارلیمان یا ایوان مقننہ کی منظوری مجاز صادر ہونے تک غیر متوقعہ اخراجات کی سبیل کے لئے خواہ وہ یونین کے ہوں یا ریاستوں کے جداگانہ فنڈ بنام زد 'ناگہانی فنڈ' قائم کئے گئے ہیں۔

مرکز اور ریاست میں آمد اور خرچ کی تقسیم اور تبویب حسابی انہی اصولوں پر قائم ہے جو سابق میں قانون وفاق ہند بابت ۱۹۳۵ء کے تحت قائم تھی البتہ ایک مالیاتی کمیشن کے تقرر کا اس دستور میں اعلان کیا گیا ہے جو صدر جمہوریہ کے پاس اپنے سفارشات پیش کرے گا کہ مرکز اور وحدتوں میں آمدنی اور خرچ کے تناسب سے کیا مالیاتی امدادیں مہیا کی جائیں۔

یونین کے ایوان مقننہ کی عالیہ میقات اگست ۱۹۵۰ء میں وزیر مالیہ نے ایک رکن کے سوال کا جواب دیتے ہوئے مستقبل قریب میں مالیاتی کمیشن کے تقرر کی جانب اشارہ کیا۔ دستور میں صدر ناظم حسابات و تنقیح کا عہدہ قائم کیا گیا ہے جس پر تقرر صدر جمہوریہ کرے گا یہ عہدہ دار نہ صرف یونین کے حسابات پر نگرانی رکھے گا بلکہ ریاستوں کے جملہ حسابات بھی اس کے زیر نگرانی رہیں گے۔

چنانچہ بیرون ہند دیگر ممالک کی ریاستوں میں جہاں کہیں سفارت خانے قائم ہیں وہاں کے حسابات کی نگرانی بھی اسی عہدہ دار سے متعلق ہے اس عہدہ دار کا اہم اور اولین کام یہ ہے کہ نہ صرف یونین اور ریاستوں کے مالیات پر موثر نگرانی قائم رکھے بلکہ یہ معلوم کرے کہ کوئی خرچ جیسے پارلیمان یا ریاستی مقننہ نے منظور کیا ہو اور وہ قانون منظورہ میں شریک ہو اس میں کسی قسم کا تجاوز یا تبدیلی تو نہیں ہوئی ہے۔

تجارت، کاروبار، بیوپار ہندوستان کے سارے علاقہ میں آزاد ہے البتہ پارلیمان یا ریاستی مقننہ کو مفاد عامہ کی خاطر مناسب قیود عائد کرنے کا اختیار حاصل ہے۔ ہندی کو یونین کی سرکاری زبان قرار دیا گیا ہے البتہ ریاستوں کو یہ آزادی حاصل ہے کہ ایک یا اس سے زیادہ مستعملہ زبانوں کو یا ہندی کو سرکاری زبان قرار دیں۔ بحالت موجودہ نفاذ دستور سے عین ماقبل صرف پندرہ سال تک انگریزی کا استعمال قائم رہے گا، سپریم کورٹ اور ہائیکورٹوں میں انگریزی زبان فیصلوں ڈگریات یا کارروائیات عدالتی کے لئے جاری رہے گی۔ نیز مسودات قوانین اور قواعد وغیرہ کو بزبان انگریزی مدون کرنے کی نسبت اس دستور میں احکام دئے گئے۔

صراحت صدر تجزیہ سے دستور ہند کا ہمہ گیر تجزیہ نہیں ہوتا، یہ صرف ایک کوشش ہے کہ اس دستور کے اہم ابواب واضح کئے جائیں۔ دستور ہند سے نہ صرف اصلی

جمہوریت کی داغ بیل ڈالی گئی ہے بلکہ ایک ایسی مشنری قائم کی گئی ہے جو اگر باقاعدگی سے چلائی جائے تو قومی خوشحالی اور عوام کی بہبودی کا صاف اور سیدھا راستہ نکل آئے گا اور ہمارے ملک کو استحکام اور استواری حاصل ہو گی۔

https://www.taemeernews.com/2021/01/india-constitution-enforcement-and-outline.html

※ ※ ※

جنگ آزادی ۱۹۴۷ میں علما کا خصوصی کردار

مولانا ذوالقرنین قاسمی

محترم حضرات! وہ ہندوستان جس کی حریت کے باغ کو علماء نے اپنے خون جگر سے سینچا تھا اور اس کی آزادی کی خاطر بحر نا آشنائے ساحل میں کود پڑے تھے، اور موجوں سے کھیلتے ہوئے منجدھار تک جا پہنچے تھے۔ بے پناہ قربانیوں کے ذریعہ اس کو پروان چڑھایا تھا بڑے افسوس کی بات ہے کہ آج ان کی جدوجہد اور کدوکاوش کو بھلا دیا گیا ہے۔ کالجوں اور یونیورسٹیوں کے نصاب کی کتابوں میں ایک دو کے علاوہ کسی کا تذکرہ تک نہیں ملتا، ان کے نام کو ایسا بے نشان کر دیا گیا ہے گویا جنگ آزادی میں ان کا کوئی وجود ہی نہیں تھا۔ ان احسان فراموشوں سے کوئی پوچھے کہ کراچی کی عظیم الشان کانفرنس میں ٹینکوں اور توپوں کے سامنے کس نے سینہ سپر ہو کر انگریزی حکومت کے خلاف صدائے احتجاج بلند کیا تھا؟ وہ حضرت مولانا حسین احمد مدنیؒ کی ذات گرامی ہی تو تھی جنہوں نے برسر عدالت انگریز جج کے یہ دریافت کرنے پر کہ:

تم نے فتویٰ دیا ہے کہ انگریز فوج میں بھرتی ہونا حرام ہے؟

حضرت مدنیؒ نے کہا: فتوی دیا کیا ہوتا ہے آج بھی میرا یہ ہی فتوی ہے کہ انگریزی فوج میں بھرتی ہونا حرام ہے۔

جب یہ فتوی دہرایا تو مولانا محمد علی جوہر نے مولانا حسین احمد مدنیؒ کے پاؤں پکڑ

لئے اور کہا حسین احمد خدا کے لئے بیان بدل دو، اس لئے کہ انہیں یہ خدشہ ہوا کہ کہیں بدبخت انگریز ان کے ساتھ برا سلوک نہ کر بیٹھے۔

حضرت مدنیؒ نے کہا کہ جوہر! اگر میں نے آج بیان بدل دیا تو خدا کی قسم ایمان بدل جائے گا۔ اس لئے آج یہ بیان نہیں بدلا جا سکتا۔

وہ مولانا ابوالکلام آزاد ہی تو تھے جنہیں انگریزوں نے احمد نگر کے قلعے میں محبوس کر دیا تھا۔ اسی دوران جب انگریزوں نے بیوی کے انتقال پر آپ کو تین دن کی رہائی کا حکم دیا تو امام الہندؒ نے انگریز کی رہائی کو ٹھکرا دیا اور حقارت کے ساتھ کہہ دیا کہ اس کی ضرورت نہیں ہے، قیامت کے دن بیوی سے ملاقات ہو جائے گی۔

اسی طرح علامہ شبیر احمد عثمانیؒ نے بھی تحریک آزادی میں زبردست رول ادا کیا، مجاہد ملت مولانا حفظ الرحمن سیوہارویؒ، مولانا محمد میاں صاحبؒ، مولانا حبیب الرحمن صاحب عثمانیؒ، مولانا حبیب الرحمن لدھیانویؒ یہ تمام حضرات علماء دیوبند کے ہراول دستہ میں تھے۔ علماء دیوبند اور جمعیت علماء ہند نے کانگریس کے شانہ بشانہ آزادی کی لڑائی لڑی ہے۔ جیل کی صعوبتیں برداشت کی ہیں، عذاب و ایذاء کے مزے چکھے ہیں۔ اگر کہا جائے کہ مہاتما گاندھی، جواہر لال نہرو اور دوسرے اہم قومی لیڈروں کو ہیرو بنانے والے ہمارے علماء ہی تھے تو مبالغہ نہ ہو گا۔

بلکہ ہفت روزہ الجمعیۃ (اگست ۱۹۹۷ء) میں مفتی عمیر قاسمی نے لکھا ہے کہ:

"موجودہ ہندوستان کے بابائے قوم گاندھی جی، جن کے قد آوار بت ہندوستان کے چپہ چپہ پر نصب ہیں ان کو گاندھی سے مہاتما گاندھی بنانے والا بھی ہندوستان کا ایک مشہور و عظیم عالم ہے جس کو دنیا حضرت مولانا عبدالباری فرنگی محلی کے نام سے جانتی ہے۔"

ان کے علاوہ مولانا محمد علی جوہر، مولانا ظفر علی خان، مولانا شاہ عطاء اللہ بخاری، مولانا انور شاہ کشمیری، مولانا محمد علی مونگیری، مولانا عبدالماجد بدایونی، مولانا شوکت علی رامپوری، مولانا سید نصیر الدین، مولانا ولایت علی، مولانا عنایت علی، مولانا فضل حق خیر آبادی، مولانا عبدالقادر لدھیانوی، مولانا احمد اللہ عظیم آبادی، مولانا فاخر الہ آبادی، مسیح الملک حکیم اجمل خان، مولانا عبدالحق مدنی، مولانا سید فخر الدین، مولانا بشیر احمد بھٹہ، مفتی کفایت اللہ مفتی اعظم ہند، سبحان الہند مولانا سعید احمد دہلوی، ابوالمحاسن مولانا سجاد بہاری، مولانا شبلی نعمانی، سید سلیمان ندوی، مولانا حسرت موہانی، ڈاکٹر مختار انصاری، سیف الدین کچلو اور سیکڑوں دیگر ان جیسے اہم لیڈران، مسلم رہنما اور علماء اسلام کی قربانیوں کو اگر اہل ہند یاد کرلیں تو آج مسلمانوں کو غدار وطن اوران کو غیر ملکی کہنے والے وطن دشمن فرقہ پرست شرم سے اپنا سر جھکالیں۔ بلکہ اس سے آگے بڑھ کر بلاخوف و تردید یہ بات کہی جاسکتی ہے کہ علماء و مسلم قائدین کا یہ قافلہ عام ہندوستانی کے پرپیچ اور بھیانک جنگل میں آزادی کی شاہراہ بنانے کی غرض سے سرگرم سفر نہ ہوتا تو یہ تنگ نظر، احسان فراموش جو ہم سے وفاداری کی سند مانگتے ہیں کبھی ملک کو آزاد نہیں کراسکتے تھے۔ خلاصہ یہ ہے کہ آزادی ہند کا ہر ورق علماء و مسلمانوں کی بے پناہ قربانیوں اور مسلسل جدوجہد کے نقوش سے بھرا ہوا ہے، جس کے بغیر تاریخ کا ہر صفحہ ادھورا اور اس کا ہر باب نامکمل اور ہر عنوان پھیکا ہے:

انہیں کے جہد مسلسل کا ہے یہ سب ثمرہ
کہیں نہ کیوں انہیں پروردگار آزادی
اٹھائی ہجر کی سختی جنہوں نے بہر وطن
مبارک ان کو ہو وصل نگار آزادی

آزادی کا ثمرہ مسلمانوں کو کیا ملا

محترم دوستو! جس گلستاں کے حصول کے لئے مسلمانوں نے خار گلشن کو چنا تھا وہ ان کے لئے مقتل کی شکل میں تیار کھڑا ہے۔ افسوس کہ جس دھرتی کے لئے مسلمانوں نے اپنا خون بہایا ہے اسی دھرتی میں آج ظلم و ستم اور جور و جفا کے تختۂ مشق بنے ہوئے ہیں، ان پر عرصہ حیات کو تنگ کیا جارہا ہے اور وہ پاکستان جانے کی بیہودہ باتیں کر رہے ہیں، ہر لمحہ جان و مال اور عزت و آبرو پر فتنے اور خطرے کا مہیب سایہ ہر وقت تیار رہتا ہے جس کو دیکھ کر مسلمان دل برداشتہ ہو چکے ہیں۔ اس حکومت کا رویہ اس قدر معاندانہ اور جانبدارانہ ہے کہ زندگی کا ہر پل سوسال معلوم ہو رہا ہے جدھر دیکھئے بے قصور مسلمانوں کے خون اور بے کس و بے بس مسلمانوں کے آنسوؤں کا سیلاب امنڈ رہا ہے۔ آزادی کے بعد سینکڑوں شہر برباد کر دئے گئے، ہزاروں بستیاں تباہ کر دی گئیں، لاکھوں گھر جلا دیئے گئے، کتنی ہی عورتوں کی عزت و آبرو کی دھجیاں بکھر گئیں، لاکھوں مسلمانوں کو موت کے منہ میں ڈال دیا گیا، ہزاروں مسجدیں زمین بوس کر دی گئیں اور سینکڑوں مقابر پر ناجائز قبضے کر لئے گئے ہائے افسوس!

کتنی بربادی مقدر میں تھی آبادی کے بعد
کیا بتائیں ہم پر کیا گزری ہے آزادی کے بعد

میرے محترم دوستو! یہ ایک روشن حقیقت ہے کہ اس شجر آزادی کا پھل اور ثمرہ ہمارے حق میں بہت ہی زیادہ تلخ ثابت ہوا، جس کی تلخی آج تک ختم نہیں ہو سکی اور ایسا معلوم ہوتا ہے کہ صدیوں ختم نہیں ہو سکے گی لیکن ہمیں بھی کوئی غم نہیں، ہمیں بھی کوئی ملال نہیں، ہمیں بھی کوئی افسوس نہیں! اگر یہ ظالم حکومت اپنے ظلم و ستم سے باز نہ آئی اور ہمارے حقوق کو یوں ہی پامال کرتی رہی تو اسے بھی یاد رکھنا چاہیئے کہ ہم انہیں

شیرانِ اسلام اور سرفروشانِ خیر الانام کے فرزند ہیں جنہوں نے ہندوستان کی تاریخ بدل ڈالی تھی۔ ان شاء اللہ ایک بار ہم بھی بدل کر دم لیں گے:

سرفروشی کی تمنا اب ہمارے دل میں ہے
دیکھنا ہے زور کتنا بازوئے قاتل میں ہے

محترم حضرات! روداد ماضی کی یہ معمولی سی جھلک تھی جس کی منظر کشی گزشتہ صفحات میں کی گئی ہے، ورنہ یہ تو داستان خونچکاں اور قصہ جانکاہ ہے جو بزبان حال کہہ رہی ہے:

ابھی اور مجھے اذن خون فشانی دے
تیرا اجمال بہت تشنہ بیاں ہے ابھی

https://www.taemeernews.com/2018/08/India-1947-freedom-struggle-Ulema-role.html

***

اورنگ زیب کا دور حکومت اور اس کا نظام

پرویز اشرفی

شاہ جہاں اور ممتاز محل کی ساتویں اولاد حاکم کی شکل میں دس سال تک اور حکمراں کے طور پر پچاس سال تک حکومت کرنے والا ابو المظفر محمد محی الدین اورنگ زیب بہادر عالمگیر بادشاہ غازی کی پیدائش گجرات کے شہر دہد میں بعض تاریخ کے مطابق اجین کے نزدیک دہد میں ۲۴/ اکتوبر ۱۶۱۸ء مطابق ۱۵/ ذی قعدہ، ۱۰۲۷ھ کو ہوئی۔

اورنگ زیب کا دور اقتدار تقریباً پچاس سال رہا۔ ۱۶۵۸ء تا ۱۷۰۷ء۔ اس میں کوئی شک نہیں کہ مذہبی نقطہ نظر سے وہ ایک پکا مسلمان تھا۔ لیکن اس کے ساتھ وہ ایک حکمراں بھی تھا۔ اورنگ زیب ایک دور اندیش بادشاہ تھا۔ وہ اچھی طرح سمجھتا تھا کہ ملک کا اکثریتی طبقہ اپنے مذہب کا سختی سے عامل ہے۔ تلوار کے زور سے ان کو اسلام کا پیروکار نہیں بنایا جاسکتا۔ اگر وہ اکثریتی طبقہ کو نقصان پہنچاتا تو ایک وسیع سلطنت کا مالک نہ بنتا۔ تاریخ کے اوراق اس بات کے گواہ ہیں کہ دہلی سلطنت سے لے کر مغل حکمرانوں تک میں اورنگ زیب واحد بادشاہ تھا جس کی سرحد برما سے لے کر بدخشاں تک اور کشمیر سے لے کر دکن کی آخری سرحد تک قائم تھی اور ایک مرکز کے تحت قائم تھی۔ اگر وہ سخت گیر بادشاہ ہوتا تو اتنی بڑی سلطنت قائم ہوتی؟

۱۶۵۹ء میں اورنگ زیب نے سکوں پر کلمہ کندہ کرانا بند کر دیا۔ اس کے خیال میں

سکے دونوں فرقوں کے ذریعہ استعمال ہوتے ہیں ایسی صورت میں سکے کی شکل سادہ ہونی چاہئے۔(بحوالہ شری رام شرما: مغل شاسکوں کی دھارمک نیتی صفحہ ۱۲۰)۔ اورنگ زیب نے نشیلی اشیا شراب وغیرہ پر پابندی لگانے کے لئے ایک نیا محکمہ قائم کیا۔ شراب بیچنے یا پیتے ہوئے پکڑے جانے پر شراب فروخت کرنے والے کو سخت سزائیں دی جاتی تھیں۔ شراب نوشی کے الزام میں ایک منصب دار کو سزا کے طور پر اس کا تبادلہ کر دیا گیا تھا۔ صرف یورپ کے لوگوں کو شراب پینے کی اجازت تھی وہ بھی شہر سے بیس تا پچیس میل دور "بھانگ کی کھیتی" اس کا فروخت کرنا اور کھلے طور پر استعمال کرنے پر پابندی لگا دی گئی۔(بحوالہ ممات احمد صفحہ ۲۸۲، جلد اول)

محرم غم اور اداسی کے ماحول سے متعلق تھا، خاص کر نبی کریم ﷺ کے نواسے حضرت سید حسین ان کے اہل خانہ پر کربلا کے میدان میں مصیبتوں کا پہاڑ ٹوٹا تھا۔ حضرت سید حسینؓ و دیگر اہل خانہ شہید کر دئے گئے تھے۔ لیکن لوگ اس ماہ کو ایک تہوار کی طرح منانے لگے تھے۔ لہذا ۱۶۶۹ء میں محرم کی تقریب پر روک لگا دی گئی۔ تخت نشینی کے گیارہ سال بعد اورنگ زیب نے دربار میں ناچ گانے کو منع کر دیا جب کہ اورنگ زیب سرود بجانے میں خود ماہر تھا۔(بحوالہ مورخ ستیش چندر)

رواداری:

ہندوستانی زبان سیکھنے اور سکھانے میں اورنگ زیب کو اتنی دلچسپی تھی کہ اس نے ایک ڈکشنری تیار کرائی جس کے ذریعے فارسی جاننے والا آسانی سے ہندی سیکھ سکے۔ ہندی نظموں و غزلوں کے متعلق قواعد و اصولوں کو رائج کرنے کے لئے اس نے ایک خاص کتاب ترتیب دی۔ اس کے مخطوطے خدا بخش لائبریری، پٹنہ میں موجود ہیں۔ شہنشاہ اکبر نے اپنے زمانے میں یوم پیدائش منانے کا رواج قائم کیا لیکن اورنگ زیب نے

اس رواج کو ختم کر دیا۔ اس نے بڑے پیمانے پر نئی مسجدوں کی تعمیر نہیں کرائی بلکہ قدیم مساجد کو رنگ و روغن کرا کر چلایا۔ اس میں ملازم، امام، موذن و خطیب کو سرکاری خزانے سے تنخواہ دی جاتی تھی۔ (بحوالہ جدوناتھ سرکار اورنگ زیب، صفحہ ۱۰۲)۔ اورنگ زیب نے ہمیشہ اس بات کا خیال رکھا کہ غلطی کے لیے مسلمانوں اور غیر مسلمان کو یکساں سزا ملے۔

مراٹھوں پر فتح پانے کے بعد ایک سردار محرم خان نے غیر مسلموں کو دشمن اور دغا باز بتاتے ہوئے انہیں اعلیٰ عہدوں سے معزول کرنے کے اورنگ زیب کو خط لکھا جس کے جواب میں اورنگ زیب نے کہا:

دنیاوی معاملوں کا مذہب سے کوئی تعلق نہیں ہوتا اگر تمہارے ذریعہ دیئے گئے مشورے پر عمل کیا جائے تو میرا یہ فرض بن جائے گا کہ تمام غیر مسلم راجاؤں اور ان کے ہمنواؤں کو جڑ سے اکھاڑ پھینکوں جو میں نہیں کر سکتا۔ باصلاحیت اور لائق افسران کو عہدے سے ہٹانے کی حمایت عقل مند آدمی کبھی نہیں کرتے۔

(بحوالہ سرکار جدوناتھ صفحہ ۷۴، ۷۵)

اسی طرح دکن میں موجود برہم پوری میں رہنے والے ایک افسر میر حسن نے اورنگ زیب کو اس کے برہم پوری پہنچنے سے قبل لکھا:

"اسلام پوری کا قلعہ کمزور ہے اور آپ بہت جلد یہاں پہنچنے والے ہیں۔ قلعہ مرمت چاہتا ہے اس کے متعلق آپ کا کیا حکم ہے؟"

اورنگ زیب نے جواب دیا:

"اسلام پوری لفظ لکھ کر تم نے اچھا نہیں کیا اسکا نام برہم پوری ہے تمہیں اسی نام کا استعمال کرنا چاہئے تھا۔ جسم کا قلعہ تو اس سے بھی زیادہ کمزور ہے، اس کا کیا علاج ہے؟"

(بحوالہ جدوناتھ سرکار اورنگ زیب کا اپاکیان صفحہ ۹۱)

اپنی حکومت سنبھالتے ہوئے اورنگ زیب نے اصول بنایا کہ کوئی قدیم مندر منہدم نہیں کیا جائے گا بلکہ انہیں مرمت کرانے کی اجازت دی گئی اور عطیہ بھی۔ مذہبی مقامات کے تقدس اور پر امن ماحول بنائے رکھنے کے لئے اورنگ زیب نے مندروں کی طرح مسجدوں پر کڑی نگرانی رکھی کیونکہ اکثر حکومت مخالف طاقتیں مندروں و مسجدوں میں جمع ہو کر حکومت یا بادشاہ کے خلاف سازشیں کرتی تھیں۔

معروف مورخ بی این پانڈے نے لکھا ہے کہ اورنگ زیب مندروں اور مٹھوں کو عطیات دیا کرتا تھا۔ (بحوالہ بی این پانڈے، خدا بخش میموریل انویل لکچرس، پٹنہ، ۱۹۸۶ء) اس کے علاوہ الہ آباد میں سومیشور ناتھ مہادیو کا مندر، بنارس میں کاشی، وشواناتھ کا مندر، چیتر کوٹ میں بالاجی کا مندر، گوہاٹی میں اورمانند کا مندر، اور شمالی ہندوستان میں موجود بے شمار منادر اور گرودواروں کو اورنگ زیب نے جاگیریں عطا کیں، وعطیات دیئے۔ (بحوالہ بی این پانڈے، لیکچر پٹنہ ۱۹۸۶ء)

اورنگ زیب کی حکومت تقریباً پورے ہندوستان پر تھی لیکن ہندو مذہب اپنے پورے وقار کے ساتھ قائم و دائم تھا اورنگ زیب کو اتنا علم تو ضرور تھا کہ ہندو (سناتن) مذہب کے ماننے والوں کو ٹھیس پہنچا کر ہندوستان پر حکومت کرنا آسان نہیں ہو گا لہذا زیادہ تر منادر کا تقدس محفوظ رہا۔ ایک واحد واقعہ بنارس کے کاشی وشوناتھ مندر کا ہے جس کے انہدام (توڑنے کا ذکر) کہیں کہیں تاریخ میں ملتا ہے لیکن اس واقعہ کا تاریخی پہلو پی سیتارام ناتھ نے اپنی کتاب The Feathers of the Stone میں ذکر کیا ہے جس کے مورخ بی۔ این پانڈے نے بھی اپنے مضمون میں درج کیا ہے، ان کے مطابق:

کچھ [Kutch] کی آٹھ مہارانیاں، بنارس شہر کے کاشی وشوناتھ میں درشن کرنے

گئیں جن میں سے خوبصورت رانی کو مہنتوں نے اغوا کرلیا، اس کی خبر اورنگ زیب کو کچھ کے راجا نے دی تو اس نے یہ کہہ کر کہ یہ ان کا مذہبی و ذاتی معاملہ ہے وہ ان کے آپسی معاملات میں دخل نہیں دینا چاہتا لیکن جب کچھ کے راجہ نے گریہ وزاری کی تو اورنگ زیب نے حقیقت کا پتہ لگانے کے لئے کچھ ہندو فوجیوں کو روانہ کیا لیکن مہنت کے آدمیوں نے اورنگ زیب کے فوجیوں کو ڈانٹ پھٹکار کر بھگا دیا۔ یہ بات جب اورنگ زیب کو معلوم ہوئی تب اس نے حالات کا جائزہ لینے کے لئے کچھ ماہر فوجیوں کو بھیجا لیکن مندر کے پجاریوں نے ان کی مخالفت کی۔ زور دار طریقے سے کی اور ڈٹ کر مقابلہ کیا۔ مغل فوجیں بھی مقابلہ پر اتر آئیں، مندر کے اندر مغل فوجیوں اور مہنتوں کید رمیان ہوئی لڑائی میں مندر کو نقصان پہنچا عموماً لڑائی میں ایسا ہوتا ہے۔ فوجیوں کو مندر میں داخل ہونے میں کامیابی ملی اور وہ گمشدہ رانی کو تلاش کرنے لگے۔ اس سلسلے میں بڑ ے اہم بت (دیوتا) کے پیچھے ایک خفیہ سرنگ کا پتہ چلا جس سے کافی زہریلی بدبو آرہی تھی۔ دو دنوں تک دوا چھڑک کر بدبو دور کرنے کی کوشش ہوتی رہی اور فوجیوں کا پہرہ لگا رہا۔ تیسرے دن فوجیوں نے سرنگ میں داخل ہونے میں کامیابی حاصل کی اور وہاں ہڈیوں کے بے شمار ڈھانچے انہیں ملے۔ جو صرف عورتوں کے تھے۔ کچھ کی گم شدہ رانی کی لاش بھی اسی جگہ پڑی ملی جس کے جسم پر کپڑا تک نہ تھا۔ مندر کا سب سے بڑا مہنت گرفتار کرلیا گیا اور اسے سخت سزا ملی۔

(بحوالہ۔ بی۔ این پانڈے، خدا بخش میموریل انویل لکچرس، پٹنہ، ۱۹۸۶ء۔ اوم پرکاش پرساد: اورنگ زیب ایک نئی درشتی، صفحہ ۲۱،۲۰)

جنوبی ہند آج بھی بڑے بڑے مندروں کے لئے مشہور ہے آخر وہ آج تک کیسے قائم ہے اگر اورنگ زیب مندروں کے خلاف تھا تو جنوبی ہند کے موجودہ منادر کس طرح

اس سے محفوظ رہے۔ دوسرا سوال یہ اٹھتا ہے کہ اگر اورنگ زیب اسلامی شریعت کے مطابق مذہبی و معاشرتی کاموں کو کرنے والا تھا تو کیا مندر کو گرا کر اس پر مسجد تعمیر کرنے کی اجازت شریعت دیتی ہے؟ شریعت میں اس کی قطعی اجازت نہیں کہ دوسروں کی زمین چھین کر یا اس پر قبضہ کر کے اس پر مسجد تعمیر کرلی جائے۔ پھر اگلا سوال یہ اٹھتا ہے کہ کیا مغل حکمرانوں کے پاس زمینوں کی کمی تھی جس کی وجہ سے مندر کو توڑنا ضروری سمجھا؟ اور حقیقت یہ ہے کہ عمارت بنانے کا شوق اورنگ زیب کو نہیں تھا۔ خواہ وہ محلات ہوں یا مساجد۔ اسکے زمانے میں زیادہ تر مساجد کی مرمت ہی کی گئی ہے۔

"بنارس فرمان" نام سے مشہور ایک فرمان میں ذکر ہے کہ بنارس کے محلہ گوری میں سکونت پذیر ایک برہمن خاندان کو یہ فرمان جاری کیا گیا تھا جس کی مکمل تفصیل پہلی بار ۱۹۱۱ء میں جرنل آف دی رائل ایشیاٹک سوسائٹی آف بنگا میں شائع ہوئی تھی۔ ۱۰ مارچ ۱۶۵۹ء کو اورنگ زیب کے ذریعہ دیئے گئے اس فرمان کے مطابق ایک مسلمان ہندو مندر کو توڑ کر عام لوگوں کے لئے جگہ بنانا چاہتا تھا لیکن اورنگ زیب نے اس پر پابندی لگادی۔ (بحوالہ بی۔ این پانڈے)

شراوک فرقہ کے ستی داس جوہری کو اورنگ زیب نے ۱۶۶۰ء میں شار اور آبو جی کے پہاڑیوں (اونچائی پر موجود زمین) کو بطور عطیہ دیا اور اپنے عہدے داروں کو حکم بھی دیا کہ ان پہاڑیوں میں سے کوئی ٹیکس نہ وصول کیا جائے اور اگر کوئی بھی دشمن راجہ ان پہاڑیوں پر قبضہ کرنا چاہے تو اس کی حفاظت کی جائے گی۔ اپنے عہد حکومت کے آخری ۲۷ سال اورنگ زیب نے جنوبی ہند میں گزارے لیکن اس درمیان کوئی ہندو مندر نہیں توڑا۔

(بحوالہ مندر کا مغلیہ رشتہ، انڈیا ٹوڈے، [ہندی] مدیر ارون پوری شمارہ

ا،۱۵،۲۱۔ ستمبر ۱۹۸۷ء۔ شری رام شرما مغل شاسکوں کی دھارمک نیتی صفحہ ۱۶۲)

گیا جو صوبہ بہار کا ایک تاریخی و مذہبی شہر ہے وہاں کے ایک مندر کو اس نے زمین عطیہ کی۔(بحوالہ تاریخ، کشمیر، صفحہ ۱۶۵، اور اورنگ زیب ایک نئی درشتی، ڈاکٹر اوم پرکاش پرساد۔ صفحہ ۲۳)

سچائی یہ ہے کہ سیاسی معاملات میں بغیر کسی تفریق کے ہندو اور مسلمان دونوں اورنگ زیب کا ساتھ دیتے تھے مثال کے طور پر ایک علاقائی زمیندار "گوکلا" کی رہنمائی میں متھرا کے بیس ہزار جاٹوں نے بغاوت کر دی۔ یہ واقعہ ۱۶۶۹ء کا ہے۔ اس بغاوت کو دبانے کے لئے اورنگ زیب خود گیا اور گوکلا کو سزائے موت ملی۔ اسی طرح ۱۶۷۲ء میں نارنول کے نزدیک کسان اور مغل افسران کے درمیان ایک جنگ جس کا قائد "باغی ستنامی نام" کی ایک مذہبی تنظیم کا صدر تھا۔ شروع میں ان کی لڑائی علاقہ کے افسر سے ہوئی بعد میں یہ بڑی شکل اختیار کر گئی اس لڑائی کو بھی ختم کرنے اورنگ زیب خود گیا۔ اس بغاوت کو کچلنے میں اہم بات یہ تھی کہ علاقہ کے ہندو زمینداروں نے مغلوں کا ساتھ دیا جس کی وجہ سے یہ بغاوت کچل دی گئی۔

اورنگ زیب ایک حوصلہ مند اور بہادر شخص تھا۔ کسی بھی کام کو بڑی سنجیدگی اور ٹھنڈے دماغ سے سوچ سمجھ کر کرنے کی قدرت صلاحیت اس میں تھی۔ ایک طرف جہاں اس نے پندرہ برس کی عمر میں تنہا ایک پاگل ہاتھی کا سامنا کیا وہیں دوسری طرف ۸۷ برس کی عمر میں واگن کھیڑا کا گھیرا (محاصرہ) ڈالنے والوں میں مورچوں کی کھائیوں میں بے خوف کھڑے ہو کر اپنی دلیری و جوانمردی کی مثال پیش کی۔ نزدیک آئے خطرات کے وقت بھی حوصلہ افزا باتیں کرنا اس کی ہمت کا ثبوت ہے۔

دوسرے شاہزادوں کے رہن سہن کے برخلاف اورنگ زیب بہت سی کتابوں کا

مطالعہ کرتا تھا۔ کافی باریکی سے سوچنے کی عادت اور سنجیدگی پسند اورنگ زیب فارسی، ترکی اور ہندی بہت اچھی طرح بولتا تھا۔ اسی کی وجہ سے اسلامی قانون کا ایک بڑا ذخیرہ "فتاوی عالمگیری" ہندوستان میں تیار ہوا۔ اورنگ زیب کے اخلاق اتنے اچھے تھے اسی کے سبب جب وہ شہزادہ تھا اس نے اپنے والد کے شاہی دربار میں موجود اعلی ترین عہدیداروں و منصب داروں کو اپنا دوست بنالیا تھا۔ اپنی اس فطرت و خصلت کو بادشاہ بننے کے بعد اورزیادہ بہتر بنایا۔ رعایا نے اسے "شاہی پوشاک میں ایک درویش" کا لقب دیا۔ سادہ اور بااصول زندگی گزارنے والا اورنگ زیب عیش و عشرت سے ہمیشہ دور رہا۔ اس کی چار بیویاں تھیں۔

(۱) دل رس بانو

(۲) نواب بائی

(۳) اورنگ آبادی بیگم

(۴) ادےپوری۔

زندگی کے آخری لمحے تک ادےپوری ہی اس کے ساتھ رہی جس سے اس نے ۱۶۶۰ء میں شادی کی تھی۔

انتظامی امور کو دیکھنے کے لیے وہ سخت محنت کرتا تھا۔ کام کا بوجھ جب زیادہ رہتا تو ایک دن میں دوبار دربار لگاتا۔ شاہی دربار کے اطالوی (اٹلی کے) ڈاکٹر گیمیگی نے خود نوشت میں لکھا ہے:

"اورنگ زیب کا قد ٹھگنا، ناک لمبی، جسم دبلا پتلا اور بڑھاپے کی وجہ سے جھکا ہوا تھا۔ اسکا رنگ گندمی اور چہرہ گول جس پر سفید داڑھی تھی۔ مختلف کام کاج کے متعلق پیش کی گئی عرضداشت پر وہ خود اپنے ہاتھ سے حکم لکھتے ہوئے میں نے دیکھا ہے جس کے

باعث میرے دل میں اس کے لئے مزید احترام و عزت بڑھ جاتی تھی۔ زیادہ عمر ہونے کے باوجود لکھنے پڑھنے کا کام کرتے وقت چشمہ نہیں لگاتا تھا۔ اس کے شگفتہ چہرے کو دیکھ کر یہی محسوس ہوتا تھا کہ اسے اپنے کام سے بہت دلچسپی ہے۔"

۹۰/ سال کی عمر میں بھی اس کی چستی پھرتی میں کوئی کمی نہیں تھی اس کی یادداشت بہت تیز تھی اگر کسی کو بھی اس نے دیکھ لیا یا جو بات اس نے ایک بار سن لی وہ پوری زندگی نہیں بھولتا تھا۔ بڑھاپے کی وجہ سے وہ کچھ اونچا ضرور سننے لگا تھا۔ ایک حادثہ میں داہنا گھٹنا اکھڑ گیا تھا جس کا علاج ٹھیک سے نہ ہو سکا تھا اس لئے وہ لنگڑانے لگا تھا۔ اورنگ زیب نے فقیروں جیسا سادہ زندگی گزارنا ہی پسند کیا۔

https://www.taemeernews.com/2019/02/aurangzeb-era-and-governance.html

٭ ٭ ٭

ہندوستان میں اسلام کا ارتقا

کتابچہ: پبلی کیشنز ڈویژن دہلی

ہندوستان میں اسلام کے اثرات اور مسلمانوں کی بڑھتی ہوئی تعداد کی کہانی لگ بھگ بارہ سو برس پہلے سے شروع ہوتی ہے۔ تاریخ میں حملوں کا ذکر تو ضرور ہوتا ہے مگر پرامن تحریکیں اکثر نظر انداز ہو جاتی ہیں۔ ہندوستان میں پہلے پہل جو مسلمان آئے وہ کوئی جنگجو لوگ نہیں تھے جو ۷۱۲ء میں محمد بن قاسم کے حملے کے بعد آنے لگے تھے۔ بلکہ یہ عرب ملاح اور تاجر تھے جو ان سے پہلے ہی ہندوستان آنے لگے تھے اور کیرالا کے ساحل پر آباد ہونے لگے تھے۔ پہلے پہل ہندوستان آنے والے مسلمان مسقط اور ہرمز کے نومسلم عرب تاجر تھے جو مالابار کے ساحل پر آکر آباد ہو گئے تھے۔ اس خیال کی تائید شری کے۔ ایم۔ پانیکر کی کتاب "تاریخ کیرالا" سے بھی ہوتی ہے جس میں وہ تحریر کرتے ہیں:

"جب اسلام پورے عرب پر چھا گیا تو فوراً اس کا اثر کیرالا میں بھی محسوس کیا گیا۔ ایک خاص قدیم روایت کے مطابق آخری پیرومل (حکمران) خود بھی مسلمان ہو گیا تھا۔ مالابار میں اسلام تبدیلیٔ مذہب اور عرب تاجروں کے سکونت اختیار کر لینے کی وجہ سے پھیل گیا تھا۔ اس کا ایک واضع ثبوت پنتالاپتی کولم (شمالی ارکاٹ) میں ایک مسلم کتبے سے ملتا ہے جس پر ۱۶۶ ہجری کی تاریخ کندہ ہے"۔

بارہویں صدی میں جبکہ ابھی دہلی پر قطب الدین ایبک کا قبضہ بھی نہیں ہوا تھا مالابار میں مسلمانوں نے اتنی اہمیت اختیار کر لی تھی کہ ایک طرف ہندوستان اور پوربی ایشیا اور دوسری طرف ہندوستان اور وسط ایشیا کے ممالک کے درمیان کی تمام سمندری تجارت ان کے کنٹرول میں تھی۔

اس طرح ہندوستان کے بعض حصوں میں مسلمان بارہ سو (۱۲۰۰) برسوں سے رہ رہے ہیں لیکن ہندوستان کی کوئی ریاست ایسی نہیں ہے جہاں وہ کم سے کم سات سو برس پہلے سے آباد نہ ہوں۔

تہذیبوں کا میل جول

ہندوستانی مزاج کی ساخت کچھ ایسی ہے کہ وہ ایشور بھگتی، نیکی اور تقدس کے آگے سر جھکا دیتا ہے، اس وجہ سے شیخ معین الدین چشتی مٹھی بھر مسلمانوں کے ساتھ اس وقت اجمیر میں بود و باش اختیار کر سکے جبکہ پر تھوی راج چوہان اور شہاب الدین غوری میں فیصلہ کن جنگ نہیں ہوئی تھی۔ دوسرے درویشوں اور بزرگوں نے لاہور، ملتان، سرہند، دہلی، آگرہ حتی کہ بنگال اور مدراس جیسی دور دراز جگہوں کو اپنا مسکن بنایا اور ان کے ماننے والوں میں مسلمانوں کے علاوہ ہندوؤں کی ایک بڑی تعداد تھی۔ ان بزرگوں نے اسلام کی ترویج و اشاعت کے لئے کبھی کسی شہنشاہ سے کسی قسم کی مدد نہ لی۔ ہندوستان کے ابتدائی مسلمان فرماں روا بڑے سمجھ بوجھ والے تھے۔ ہندو مسلمانوں کے درمیان شادی بیاہ اکبر سے پہلے شروع ہو چکا تھا۔ مثال کے طور پر تغلق خاندان کا بانی غازی ملک ایک جاٹ عورت کا لڑکا تھا۔ اس کا بھتیجا فیروز تغلق، محمد تغلق کا جانشین ہوا۔ وہ ابوہر کے راجہ رانا مل کی لڑکی کے بطن سے تھا۔

مسلمان فرماں رواؤں نے ہندوؤں کو ملازم رکھ کر اور حکومت میں انہیں

اعلیٰ سے اعلیٰ عہدے دے کر مقامی انتظامیہ پر اپنی گرفت مضبوط رکھی۔ محمود غزنوی نے ہندو سپاہیوں کی کئی پلٹنیں بھرتی کی تھیں۔ جب اس کے لڑکے مسعود کو اپنے بھائی سے جنگ کرنے یا پنجاب میں امن و امان قائم رکھنے کی ضرورت ہوئی تو اس نے اپنے ہندو جنرل تلک پر بھروسہ کیا اور اس سے مدد حاصل کی۔ مالوہ کے سلطان محمود کا وزیر اعظم ایک ہندو چندیری کا میدنی رائے تھا۔ بنگال کے حسین شاہ کے دربار میں پورندر خاں، روپ اور سناتم جیسے ہندو اعلیٰ عہدوں پر فائز تھے۔ اس معاملے میں کشمیر کے سلطان زین العابدین اکبر اعظم ہی کی طرح وسیع النظر تھے۔ ایسا ہی رویہ بیجاپور اور گولکنڈہ کے سرداروں کا بھی تھا۔

یہ رواداری اور حسن سلوک یک طرفہ نہ تھا۔ اس وقت کے ہندو فرمان روا بھی ایسے ہی روادار اور وسیع النظر تھے۔ جب مسلمان ہندوستان میں رچ بس گئے تو وہ ہندوستانی سمجھے جانے لگے۔ مسلمان کالی کٹ کے حکمرانوں (زمورن) کے دربار میں ملازم تھے۔ سلطنت وجیانگر کے بادشاہوں نے بھی مسلمانوں کو اپنی فوج میں ملازم رکھا تھا۔ بابر کے خلاف لڑنے والوں میں رانا سانگا کے ساتھ مسلمانوں کی فوج کا دستہ بھی تھا۔ رانا سانگا نے مالوہ کے سلطان محمود دوئم کو ایک لڑائی میں ہرایا تھا مگر اس کے باوجود رانا نے فراخدلی سے کام لیتے ہوئے اس کا تخت و تاج اسے واپس کر دیا تھا۔ قتلغ خاں نے سلطان ناصر الدین محمود کے ہاتھ سے شکست کھا کر ایک راجپوت سردار کے ہاں پناہ لی تھی۔ رنتھمبوڑ کے ہمیر دیو نے علاؤ الدین خلجی کے خلاف بغاوت کرنے والے ایک مسلمان سردار کو اپنے یہاں پناہ دی تھی۔

ہندوستان میں مذہب اسلام کی آمد اور فروغ کی وجہ سے ہندؤوں میں مذہبی جوش و خروش پیدا ہوا اور وہ مذہبی اور روحانی باتوں پر غور و خوض کرنے لگے۔

اس کا نتیجہ یہ ہوا کہ ویشنو مت اور ویر شیو مت جیسے فرقے وجود میں آئے اور پروان چڑھے۔ ان فرقوں کی خصوصیت یہ تھی کہ اُن میں ظاہری مذہبی رسوم کا کوئی دخل نہ تھا اور زیادہ زور بھگتی اور وحدانیت پر دیا گیا تھا۔ ہندوؤں کی ایسی تحریکوں سے ملتی جلتی مسلمانوں میں بھی صوفی ازم کی تحریک پروان چڑھی۔ مذہب کے اس گہرے لگاؤ کے باوصف ہندو اور مسلمان ایک دوسرے سے دور نہیں ہوئے بلکہ اس کے برعکس وہ ایک دوسرے کے نزدیک آ گئے کیونکہ بھگتی تحریک اور صوفی مت دونوں میں خدا اور انسانوں سے محبت کی تعلیم دی گئی تھی۔

مذہب میں اس غیر معمولی دلچسپی اور آپس کے میل جول سے علاقائی زبانوں کو فروغ حاصل ہوا۔ مسلمان سنسکرت سے تقریباً ناواقف تھے، گو کہ البیرونی اور سلطان زین العابدین جیسے چند لوگ اس سے واقف تھے۔ اس کے علاوہ ہندوستان کی عام جنتا بھی سنسکرت سے ناواقف تھی۔ لہذا اسلام کے فروغ و اشاعت کے لئے مسلمان بزرگوں اور درویشوں کو اس علاقے کی زبان کا سہارا لینا پڑا۔ اُن ہی لوگوں کی بدولت ایک نئی ملی جلی زبان "اردو" وجود میں آئی اور پروان چڑھنے لگی۔ ہندو سماج سدھارکوں کو بھی نئی علاقائی زبانوں کا سہارا لینا پڑا کیونکہ انہیں کچھ ایسی باتیں کہنی تھیں جو نئی تھیں اور ان کے مخاطب بھی عام لوگ تھے، بادشاہ اور امرا نہیں۔ ودیاپتی کے بھگتی سے بھرے ہوئے گیت میتھلی زبان میں ہیں۔ میرابائی کے راجستھانی میں، چنڈی داس کے بنگلہ میں اور ناتھ سوامی کے مراٹھی میں ہیں۔ کبیر، نانک، سور داس، تلسی داس اور ملک محمد جائسی جیسے صوفیوں اور درویشوں نے ہندی کی مختلف شکلوں کو اپنا ذریعۂ اظہار بنایا۔

اس طرح جب ۱۵۲۶ء میں بابر نے ہندوستان پر حملہ کیا تو اسلام ہندوستان میں کافی بڑے پیمانے پر پھیلا ہوا تھا اور اس نئے مذہب کے ماننے والوں اور اس دیس کے پرانے

باسیوں کے درمیان کافی حد تک جذباتی یک جہتی اور مفاہمت پیدا ہو چکی تھی۔ بابر اور اس کے جانشینوں کے زبردست مخالف گجرات، مالوہ، جنوبی ہند اور بنگال کے مسلمان صوبے دار اور بہمنی سلطنت کے فرماں روا رہے۔ ان تمام حکمرانوں نے اپنے آپ کو دہلی کی حکومت سے آزاد کر لیا تھا اور خود مختار بن گئے تھے۔

ملکی اتحاد

چنگیز خان اور تیمور کے خاندان سے تعلق رکھنے والے بابر نے پانی پت کے میدان میں ابراہیم لودھی کو شکست دی اور ملک میں ایسے خاندان کی بنیاد ڈالی جو برطانوی حکومت کے قیام تک یعنی لگ بھگ تین سو برسوں تک ہندوستان پر حکومت کرتا رہا۔ مغلوں کے فتح کیے ہوئے ہندوستان کو تین مرحلوں میں بانٹا جا سکتا ہے۔

(۱) بابر کا راجپوتوں اور افغانوں کو اپنا مطیع بنانا۔

(۲) افغان سردار شیر شاہ سوری کا ہندوستان کے تخت پر قبضہ کرنا

(۳) شیر شاہ کے جانشینوں سے ہمایوں کا ہندوستان پھر جیت لینا اور اکبر کا اس نئی حکومت کو مضبوط اور مستحکم بنانا۔

اکبر مغل شہنشاہوں میں سب سے بڑا اور عظیم بادشاہ ہوا۔ اس کی سلطنت پچھم میں قندھار سے لے کر پورب میں دکن تک اور اتر میں سری نگر سے لے کر دکھن میں احمد نگر تک پھیلی ہوئی تھی۔

اکبر نہ صرف ایک بہادر سپاہی تھا بلکہ اس اس سے بڑا آرگنائزر، مدبر اور فنون اور ادب کا سرپرست تھا۔ اس کے دربار میں بہادر اور سورما، مدبر اور اسکالر، شاعر اور گویے اور فنون لطیفہ کے پارکھ سبھی موجود رہتے تھے۔ حاضر جوابی میں مشہور بیربل، عظیم موسیقار تان سین، اسکالر اور شاعر فیضی، عالم اور بہادر ابوالفضل ان میں سے چند ہیں۔

اس زمانے کے مہاکوی تلسی داس دربار سے وابستہ نہیں تھے۔ برج بھاشا کی تجدید کیشو، سور اور تلسی کی مرہون منت ہے۔ فتح پور سیکری میں اکبر کی بنائی عمارتیں نہ صرف اس کی شان و شوکت کی مظہر ہیں بلکہ ہندو اور مسلم طرز تعمیر کے مکمل اتحاد کی بھی آئینہ دار ہیں۔ اس کی رواداری اور وسیع النظری کی جھلک سیاست اور ملکی انتظام میں نظر آتی ہے۔ جس کی وجہ سے ہندوستان میں ایک ایسی بادشاہت قائم ہوئی جسے اگر قومی کہا جائے تو بیجا نہ ہوگا۔

جہانگیر اور شاہ جہاں اچھے اور اہل حکمران تھے۔ ان کی سرپرستی میں علوم و فنون کو فروغ حاصل ہوا اور مصوری کا ایک نیا طرز "مغل اسکول" پروان چڑھا۔ شاہ جہان نے بے مثال تاج محل، لال قلعہ، جامع مسجد، دیوان عام، دیوان خاص اور تخت طاؤس بنوائے۔

شاہ جہان کے بیٹے اور وارث اورنگ زیب کے دور حکومت میں مغلیہ سلطنت نے انتہائی وسعت اختیار کی۔ دکن کی مسلم ریاستوں (بیجاپور اور گولکنڈہ وغیرہ) کو فتح کر لیا گیا اور مغلوں کی حکومت دریائے کاویری کے کناروں تک قائم ہوگئی۔ پھر بھی اورنگ زیب کی موت ایک شکست خوردہ انسان کی حیثیت سے ہوئی اور وہ بڑی حد تک مغل سلطنت کی بربادی اور تباہی کا باعث بنا۔ اس نے ملک میں جس طرح کا اتحاد قائم کرنا چاہا اس کی نوعیت قومی نہیں تھی جیسا کہ اکبر نے کیا تھا۔

اورنگ زیب کے کمزور جانشینوں کے دور حکومت میں افغانستان مغلوں کے قبضے سے نکل گیا اور نادر شاہ اور احمد شاہ ابدالی جیسے سرداروں کی آماجگاہ بن گیا۔ پانی پت کے تاریخی میدان میں ۱۷۶۱ء میں احمد شاہ ابدالی اور مرہٹوں کا مقابلہ ہوا مگر دونوں میں سے کوئی بھی ہندوستان کو اپنے زیر نگین نہ کر سکا۔ اس طرح میدان بالکل خالی رہا اور ملک میں

کوئی ایسی طاقت نہیں رہ گئی تھی جو اس بکھرے ہوئے شیرازے کو اکٹھا کر سکے۔ اس طرح غیر ملکی تاجروں کی جماعت برٹش انڈیا کمپنی کو اس کا پورا موقع مل گیا کہ وہ رفتہ رفتہ ہندوستان میں اپنی سلطنت قائم کر لے۔

https://www.taemeernews.com/2021/06/muslims-in-india.html

* * *

شکنتلا: بھرت کی ماں: مادرِ بھارت ورش

نول کشور پریس

شکنتلا - ہندوستان میں وہ مشہور عورت ہوئی ہے، جس کے حالات سے ہندوستان کے نامی گرامی شاعر کالیداس نے اپنے ایک ناٹک کو زینت بخشی ہے۔

شکنتلا ایک رشی کنوا کی بیٹی تھی۔ یہ رشی ہردوار کے قریب ایک چھوٹی ندی مالنی کے کنارے ایک مقام میں جہاں بالکل تنہائی کا عالم تھا، بود و باش رکھتا تھا۔ اس کی منڈھی کے گرد سرو اور صنوبر اور قسم قسم کے خودرو پھولوں کے درخت تھے۔ جرنیل اکنگھم صاحب نے بھی جو قدیم عمارتوں وغیرہ کی تحقیق کرتے پھرتے ہیں، اس مقام کو دیکھا ہے، اور جیسی تعریف کالیداس شاعر نے اس مقام کی کی ہے، اسی قبیل کی وہ بھی تعریف کرتے ہیں۔ چنانچہ لکھتے ہیں کہ:

جب تک کنول پانی پر تیرتا ہے، اور چکوا اپنی چکوی کو اپنی طرف کے کنارے پر بلاتا ہے۔ تب تک مالنی کا نام کالیداس کی نظم میں برقرار رہے گا۔

کنوا کی اولاد یہی ایک بیٹی تھی۔ اس لئے بڑی ناز و نعمت سے اس نے اسے پالا تھا۔ اور نہ جو باتیں علم اور اخلاق کی عورتوں کو سکھانی چاہئیں۔ وہ سب اسے تعلیم کی تھیں۔ جانوروں کی خبر لینا اور پودوں کو پانی دینا اس لڑکی کا مشغلہ تھا۔ جب وہ جوان ہوئی تو اتفاق سے ایک روز راجا دشینت شکار کرتا ہوا ادھر کو آنکلا۔ کنوا اس وقت منڈھی میں نہ تھا۔

دستور کے موافق شکنتلا نے اس کا استقبال کیا۔ نظروں کا چار ہونا تھا کہ عشق کا تیر دونوں کے جگر کے پار ہو گیا۔ اسی وقت راجا نے اپنا حسب و نسب اسے بتا کر اس کے ساتھ گندھرب بیاہ کر لیا۔ یہ بھی ایک قسم ازدواج کی ہے۔ اور اس میں عقد فقط طرفین کی رضا مندی سے ہو جاتا ہے۔ اور کسی رسم اور آئین کو اس میں دخل نہیں۔ اس طرح کی شادی اگلے زمانے میں کوہ ہمالیہ کے قریب ایک پہاڑی قوم گندھرب میں رائج تھی۔ منو نے بھی شادیوں کے اقسام میں اس کا ذکر لکھا ہے۔ مگر اس کو پسند نہیں کیا۔

بیاہ کے بعد راجا دو چار دن وہاں رہا۔ اور پھر اپنے دارالخلافہ کو روانہ ہوا۔ چلتے وقت شکنتلا کو انگوٹھی دے کر کہہ گیا کہ چند روز میں میں تجھ کو اپنے پاس بلا لوں گا۔ تھوڑے عرصے کے بعد جب شکنتلا کو حمل کے آثار نمودار ہوئے، تو اپنے خاوند کی طرف ہستناپور کو روانہ ہوئی۔ مگر راستے میں جو اسے ایک تالاب میں نہانے کا اتفاق ہوا، تو وہ انگوٹھی اس کے ہاتھ سے تالاب میں گر پڑی۔ جب یہ اپنے خاوند کے پاس پہنچی، اور اس نے اپنی نشانی نہ دیکھی تو اس بات کو نہ مانا۔ اور جنگل میں جو قول و قرار کئے تھے سب دل سے بھلا دیئے۔

یہاں ناظرین کو ایک بات جتانی ضروری ہے۔ ایک زمانے میں ہندوؤں کے ہاں دستور تھا کہ سردار کو مہارشی کہتے تھے۔ اور حکومت اور ارشاد دونوں کی باگ اسی کے ہاتھ میں ہوتی تھی۔ پچھلے زمانوں میں راجاؤں نے لڑنے اور ملک گیری کا کام تو اپنے ہاتھ میں رکھا۔ اور پوجا پاٹھ اور رہنمائی کا کام برہمنوں کے حوالے کر دیا تھا۔ اس زمانے میں جب برہمن چھتریوں کا ہاتھ تکنے لگے۔ تو چھتریوں کے دل سے ان کی وہ قدر و منزلت جاتی رہی۔ بلکہ ان سے رشتہ کرنا بھی بے عزتی سمجھنے لگے۔

معلوم ہوتا ہے کہ دشینت بھی ایسے ہی زمانے میں گزرا ہے۔ شکنتلا کو جب اس نے

ایک غریب برہمن کی بیٹی دیکھا۔ تو اس کو اپنے گھر میں رکھنا عار سمجھا۔ غرض جب شکنتلا کو راجا نے قبول نہ کیا۔

تو اس کی ماں آکر اسے اپنے ساتھ جنگل کو لے گئی۔ یہاں پہنچ کر شکنتلا کے ایک لڑکا پیدا ہوا۔ اور اس نے بھرت اس کا نام رکھا۔ اس لڑکے کی جرات کا یہ حال لکھا ہے کہ وہ جنگل میں شیرنی سے ذرا نہ ڈرتا تھا۔ اور اس کے سامنے اس کے بچوں سے کھیلا کرتا تھا۔ آخر جب وہ انگوٹھی جو شکنتلا کے ہاتھ سے گر پڑی تھی۔ کسی راجہ کے پاس پہنچ گئی۔ اور بھرت کی جوانمردی اور بہادری کا شہرہ بھی اس نے سنا، تو تفتیش حال کے لئے جنگل میں آیا۔ اور اس کو اپنا بیٹا مان کر شکنتلا کو اپنے ہمراہ لے گیا۔ اور اپنی پٹ رانی بنایا۔ بھرت بڑا بہادر اور جنگجو ہوا۔ اور ہندوستان کے بہت سے علاقے اس نے فتح کئے۔ چنانچہ یہ ملک اسی کے نام سے 'بھارت ورش' کہلاتا ہے۔

https://www.taemeernews.com/2018/10/shakuntala-mother-of-emperor-bharata.html

***

انڈین یا ہندوستانی؟

آنند شنکر رے

تلخیص و ترجمہ: ڈاکٹر جعفر رضا بلگرامی

آنند شنکر رے [Annada Shankar Ray] (پیدائش: ۱۵/مارچ ۱۹۰۴ ، وفات: ۲۸/اکتوبر ۲۰۰۲)، مشہور بنگالی مصنف ہیں جو سن ۱۹۵۱ء میں آئی۔سی۔ایس سے ریٹائر ہوئے۔ تقریباً ساٹھ (۶۰) کتابیں تصنیف کر چکے ہیں۔ انہیں ساہتیہ اکیڈیمی ایوارڈ بھی حاصل ہو چکا ہے۔ ان کا یہ مضمون مشہور انگریزی ہفت روزہ "السٹریٹڈ ویکلی" کے شمارہ ۲۲/نومبر/۱۹۷۰ میں شائع ہوا تھا۔

چند سال پہلے لندن میں میرے ایک دوست کی یہودی بیوی نے مجھ سے کہا تھا کہ یورپ کی سر زمین میں سامیت دشمنی رچ بس گئی ہے۔ مجھے ان کے چہرے کی اتھاہ افسردگی آج تک یاد ہے۔ کچھ اس طرح کی افسردگی کا احساس مجھے ہوتا ہے جب میں یہ کہنے پر مجبور ہوتا ہوں کہ مسلم دشمنی ہندوستان کی مٹی میں رچ بس گئی ہے۔ لوگوں کو اس بات کا یقین نہیں رہا ہے کہ گاندھی وادی ان کی حفاظت کے لئے موثر تدابیر اختیار کر سکیں گے۔ پولیس بھی قابل اعتماد نہیں سمجھی جاتی۔ ہر فرقہ وارانہ فساد کے موقع پر فوجی مداخلت کا ایک شور بلند کیا جاتا ہے۔

اب یہاں انگریز نہیں ہیں جن کو ہم اپنی تمام تر مشکلات کے لئے موردِ الزام ٹھہرا

سکیں۔ اس مشکل مسئلہ سے ہم چشم پوشی نہیں کر سکتے اور نہ ہی اس کی ذمہ داری کسی اور کے سر تھوپ سکتے ہیں۔ چند برسوں سے پاکستان میں بھی ہندوؤں کو ان کی زندگیوں سے محروم نہیں کیا جا رہا ہے۔ اس لئے اس ملک کے سر پر بھی یہ الزام نہیں تھوپا جا سکتا۔ اس کے باوجود معمولی سی بات پر ہندوؤں اور مسلمانوں میں فساد ہو جاتے ہیں اور یہ فساد ہندوستان کی سر زمین پر ہی ہوتے ہیں۔

کچھ لوگ یہ دعویٰ کرتے ہیں کہ پہل ہمیشہ مسلمانوں ہی کی طرف سے ہوتی ہے۔ ان کا کہنا ہے کہ پاکستان کا اس میں ہاتھ ہے، ان میں سے کوئی دعویٰ نہ تو آج تک ثابت ہوا ہے اور نہ کیا جا سکتا ہے، اس لئے اس کو رد کر دینا چاہئے۔ جو لوگ اس طرح کا بیان دیتے ہیں وہ نہ تو واقعات کی چھان بین کرتے ہیں اور نہ تفصیل میں جاتے ہیں اس طرح کے غیر ذمہ دارانہ بیانات سے ہندوستان میں مسلم دشمنی کے جذبات مشتعل ہوتے ہیں۔

دستور ہند نے مذہبی بنیادوں پر علیحدہ رائے دہندگی اور ملازمتوں میں متعین کوٹے کے اصول کو موقوف کر دیا ہے، اس لئے ہندوستان میں مسلمان گھاٹے میں ہیں۔ تعلیم میں ان کی پسماندگی بھی کسی رعایت کی مستحق نہیں سمجھی جاتی۔ مسلم نوجوان اپنی مرضی سے پاکستان چلے جاتے ہیں، جو اپنا گھر بار چھوڑنے پر رضامند نہیں ہوتے اور اپنے وطن سے جدا ہونا پسند نہیں کرتے وہ بیٹھے بیٹھے آنسو بہاتے رہتے ہیں۔ میں بھی ان کے لئے روتا ہوں۔ لیکن میرے پاس ان کے مسائل کا کوئی حل نہیں ہے۔ میرے انداز فکر کے مطابق فرقہ وارانہ بنیادوں پر ریزرویشن کا برطانوی حل غلط ہے کیونکہ اس طرح صلاحیتوں کا لحاظ نہیں کیا جا سکتا۔ میں خود اپنی نوجوانی میں اسی قسم کی تفریق کا شکار ہو چکا ہوں۔

دوسرے ملکوں میں بھی تاریخ کے مختلف ادوار میں ایسی صورتحال رونما ہو چکی

ہے۔ ایک زمانہ ایسا گزرا ہے جب یہودیوں، کیتھولک مذہب کے ماننے والوں اور غیر مقلدوں کا انگلستان میں ملازمتیں حاصل کرنا یا پارلیمنٹ کے لئے منتخب ہونا ممکن نہ تھا لیکن اس وجہ سے نہ تو وہ مایوسی کا شکار ہوئے اور نہ ہی انہوں نے اپنی کوششیں موقوف کیں۔ انہوں نے زراعت، بنک کاری، تجارت، صنعت اور دستکاری کو فروغ دیا۔ کوئی ان کو انگلستان سے نکال نہ سکا، اور ساری ناکامیاں اور موانع ان کے لئے نعمت بن گئیں۔

مذہبی بنیادوں پر علیحدہ رائے دہندگی اور ملازمتوں کا تعین تو اب ہونے سے رہا۔ کچھ مسلمان اس کا خواب ضرور دیکھتے ہیں کہ شاید ایسا ہو جائے۔ لیکن بہر حال یہ ایک ایسا خواب ہے جو شرمندۂ تعبیر نہیں ہو سکتا۔ ہاں یہ ممکن ہے کہ ان کے لئے تمام دروازے کھول دئے جائیں اور یقین دلا دیا جائے کہ مذہب کی بنیاد پر کوئی امتیاز نہیں برتا جائے گا۔

ہندوستان میں ہولی کے رنگ، گائے اور مسجد کے سامنے باجا بجانے کی وجہ سے بہت سے فرقہ وارانہ فساد ہوتے ہیں، اور ابھی حال میں اردو زبان بھی جھگڑے کا باعث بنی ہے۔ ہندوؤں اور مسلمانوں نے مل کر اس زبان کو فروغ دیا ہے۔ یہ ان میں سے کسی ایک کی زبان نہیں ہے۔ پنجاب اور اتر پردیش میں بہت سے ہندوؤں کی اردو مادری زبان ہے۔ آخر اردو کو ہندی پر کیوں قربان کر دینا چاہئے؟ بیس بائیس سال سے اس زبان کو جس طرح سے نظر انداز کیا جا رہا ہے اس سے یہ اندیشہ پیدا ہوتا ہے کہ یہ زبان ختم ہو جائے گی۔ اس میں مبالغہ ہو سکتا ہے لیکن صورت حال کچھ اسی طرح کی ہے۔

پاکستان سے جو ہمارے رشتے ہیں ان میں سے ایک بنگالی اور دوسرا اردو کا رشتہ بہت ہی اہم ہے۔ اگر یہ رشتے بھی ٹوٹ گئے تو ہندوستان اور پاکستان ہر لحاظ سے ایک دوسرے کے لئے اجنبی ملک بن کر رہ جائیں گے۔

کیا عام ہندو کو یہ بات بار بار بتلانے کی ضرورت ہے کہ ہم نے اپنے ملک کا نام "انڈیا" رکھا ہے، "ہندوستان" نہیں۔ ہم نے ہر عقیدے کے ماننے والوں کے لئے اپنے دروازے کھلے رکھے ہیں اور اسی وجہ سے ہماری ریاست سیکولر کہلاتی ہے، ہم نے ملک کے ہر شہری کو دعوت دے رکھی ہے کہ وہ دوسروں کے ساتھ مل کر ملک کا مستقبل سنوارنے کے لئے جدوجہد کرے، ہماری تہذیب ایک رنگارنگ کلچر کا نتیجہ ہے جس میں مسلمانوں اور دوسرے لوگوں کا بہت اہم حصہ ہے، ہماری معیشت ایک رشتۂ باہمی کا نتیجہ ہے جس میں مسلمانوں کو ایک اہم رول ادا کرنا ہے۔

ہم مسلمان (اور بشمول سکھ، عیسائی، پارسی، یہودی) کے بغیر "انڈین" نہیں ہو سکتے۔ ہماری Indianness ان کے اس ملک میں باقی رہنے پر منحصر ہے۔ اگر وہ چلے گئے تو ہم "ہندوستانی" ہو جائیں گے۔ ہمارے ملک کا نام "ہندوستان" ہو جائے گا اور یہی پاکستان چاہتا ہے۔

یہ ایک خاص ذہنیت ہے جو انڈین قومیت کی قسم کھاتی ہے لیکن جب وہ اس ملک کو انڈیا کہتی ہے تو وہ اسے صرف ہندوؤں کی سرزمین سمجھتی ہے اور مسلمانوں کو غیر انڈین، کیونکہ وہ غیر ہندو ہیں۔ ان کے نزدیک صرف ہندو ہی سچے انڈین ہیں۔ ذہنی انتشار صرف اس وجہ سے ہے کہ اس لفظ کو مختلف اور متضاد معنوں میں استعمال کیا گیا ہے۔ لفظ "ہندو" ایک طرح کی تخصیص کا اظہار کرتا ہے جب کہ لفظ "انڈین" میں عمومیت اور وسعت ہے۔ اسی اعتبار سے "ہندوازم" ایک مخصوص مذہب ہے جس کے اپنے حدود ہیں جب کہ "انڈیا" ایسا ملک ہے جس میں تنوع، رنگارنگی اور وسعت ہے۔

اس بات کو ایک بار پھر واضح کر دینے کا وقت آگیا ہے کہ یہ ملک جس کو ہم انڈیا کہتے ہیں وہ سارے عقائد کی سرزمین ہے، یہ ضرور ہے کہ اس کا ایک جزو کل سے علیحدہ ہو گیا

ہے لیکن انڈیا کے عوام انڈین ہیں، صدیوں سے انڈین رہے ہیں اور محض اس بنا پر کہ ایک ٹکڑے نے علیحدہ ہو کر اپنا نام پاکستان رکھ لیا ہے ان کو پھر سے Indianise کرنے کی ضرورت نہیں ہے۔

https://www.taemeernews.com/2021/03/indian-or-hindustani.html

٭٭٭

اردو ہندی رسم الخط : پروفیسر مجیب کا خط مہاتما گاندھی کے نام

پروفیسر محمد مجیب

اردو ترجمہ : سحر انصاری

یوں تو اردو ہندی کا جھگڑا برسوں سے چلا آ رہا تھا لیکن اس میں شدت اس وقت پیدا ہوئی جب گاندھی جی نے بھارتیہ ساہتیہ پریشد ناگپور کے جلسے (١٩٣٦ء) میں برصغیر کی مجوزہ قومی زبان کو "ہندوستانی" کے بجائے ہندی، ہندوستانی کا نام دیا گیا۔
اور وضاحت طلب کرنے پر کہا: "ہندی ہندوستانی" سے مراد ہندی ہے۔
اردو کے متعلق فرمایا: "یہ مسلمانوں کی مذہبی زبان ہے، قرآنی حروف میں لکھی جاتی ہے، اور مسلمان ہی اس کو زندہ رکھنے کی ذمہ داری لے سکتے ہیں۔"
مولوی عبدالحق نے اس جلسے کی تفصیلی روئداد اپنے تبصرے کے ساتھ رسالہ اردو (اپریل ١٩٣٦ء) میں شائع کی اور علامہ نیاز فتح پوری نے جولائی ٣٦ء کے "نگار" میں پرزور اداریہ لکھا۔ جامعہ ملیہ دہلی کے پروفیسر محمد مجیب اور بعض دوسرے اشترا کی ادیب مثلاً ڈاکٹر اشرف اور ڈاکٹر علیم اگرچہ کانگریس کے حامیوں میں تھے لیکن زبان کے مسئلے پر انہیں بھی گاندھی جی سے اختلاف کرنا پڑا۔ ڈاکٹر اشرف نے گاندھی جی کی لسانی پالیسی کے خلاف تحریک پیش کی اور ڈاکٹر علیم نے "نیا ادب" میں زوردار اداریہ لکھا۔

پروفیسر محمد مجیب نے گاندھی جی کو انگریزی میں طویل خط لکھا جسے پنڈت نہرو نے پریشد کے اجلاس ۱۹۳۶ء میں پڑھ کر سنایا۔ لیکن گاندھی جی نے کوئی توجہ نہ دی البتہ مئی ۳۶ء کے 'ہریجن' میں اس خط کے جواب میں ایک مضمون لکھا اور بین السطور میں پروفیسر مجیب کا خط بھی نقل کر دیا۔ یہ خط گاندھی جی کی تصنیف "آور لینگویج پرابلم (Our Language Problem)" میں شامل ہے اور ہندی اردو تنازع کے سلسلے میں بہت اہم ہے۔ میں شکر گزار ہوں کہ میری گزارش پر سحر انصاری صاحب نے اسے اردو میں منتقل کرنے کی زحمت فرمائی۔

(فرمان فتح پوری، نگار- شمارہ: ۱۰-۱۲، ۱۹۷۹)

کاش میرے لئے یہ ممکن ہوتا کہ یہ خط ارسال کرنے کے بجائے میں خود ناگپور آ سکتا۔ ساہتیہ پریشد کے اجلاسوں میں شرکت کی شدید خواہش مجھے یوں بھی تھی کہ مجھے پریشد کی پالیسی کے بعض اجزاء سے اختلاف ہے اور بیشتر امور سے مجھے شدید صدمہ پہنچا ہے۔ اور اس ملک میں آپ کے سوا کوئی اتنا وسیع القلب نہیں کہ اپنے انتہائی مخالفین کو بھی نیک نیتی کا حامل سمجھے۔

میں آپ کی خدمت میں جو کچھ عرض کر رہا ہوں وہ ہر ایسے شخص کو بے سر و پا اور بے محل معلوم ہو گا جو معاملات کو محض اپنی مرضی سے طے کرنے کا عادی ہو۔ لیکن آپ ایک ایسے مسلک پر عمل پیرا ہیں جو حامیوں اور مخالفوں میں امتیاز نہیں کرتا۔ چنانچہ دوستانہ پزیرائی کے اسی یقین نے مجھے آپ کے در پر دستک دینے کی جرات عطا کی ہے۔ اگر یہ کوئی حل طلب سیاسی مسئلہ ہوتا تو مجھے اپنا مقام معلوم تھا، لیکن موجودہ مسئلہ بنیادی طور پر ثقافتی اور ادبی ہے، نیز اختلاف کی بنا پر میں اپنا اخلاقی فرض سمجھتا ہوں کہ آپ سے رجوع کروں۔ دوسرے خواہ کچھ ہی محسوس کریں تاہم میرا خیال ہے کہ آج کسی مخلص

خادم قوم کے لئے سب سے بڑا عذاب ان مقاصد اور لائحہ عمل سے بے تعلقی ہے جو اسے عزیز رہے ہوں۔ جب تک میں آپ کے سامنے اپنے دل کا بوجھ ہلکا نہیں کر لیتا اور اگر آپ کی رضامندی نہیں تو کم از کم آپ کی ہمدردی حاصل نہیں کر لیتا، اس وقت تک مجھے سکون نہیں مل سکے گا۔

میں بالکل شروع سے اپنی بات کا آغاز کروں گا۔ گزشتہ کئی سال سے کانگریس ایک مشترکہ سیاسی مقصد کے لازمی جزو کے طور پر ایک مشترکہ زبان کی حمایت کر رہی ہے۔ ادبی نقطۂ نگاہ سے عوامی مقررین اس باب میں متعدد فروگزاشتوں کے مرتکب ہو رہے ہیں۔ لیکن مجھے معلوم ہے کہ اردو کے ادبی حلقوں میں اس نے سادگی اور بے تکلفی کا ایسا معیار پیدا کر دیا ہے جو اس سے قبل مفقود تھا۔ حتیٰ کہ مولانا سید سلیمان ندوی جیسے ادیب جن کی ساری زندگی عربی کتب کے مطالعے اور ناقابل تحریف اصطلاحات کے حامل موضوعات کو برتنے میں گزری ہے، پورے خلوص کے ساتھ اپنی زبان کو آسان کرنے اور ہندوستانی سے قریب لانے کی کوشش کر رہے ہیں کیونکہ ایک مشترکہ ہندوستانی زبان کا تصور انہیں بے حد عزیز ہے۔

کانگریسی حلقوں میں اس مشترکہ زبان کو "ہندوستانی" کہا جاتا ہے حالانکہ کانگریس نے اس نام کے سلسلے میں اردو اور ہندی بولنے والوں کے مابین کوئی قطعی مفاہمت پیدا نہیں کی ہے۔ لیکن جیسا کہ آپ جانتے ہیں نام اپنے تلازمات کی بنا پر بے پایاں سیاسی و سماجی اہمیت کے حامل ہوتے ہیں۔ چنانچہ اپنی مشترکہ زبان کا نام تجویز کرنا ایک اہم مسئلہ ہے۔

اب تک اردو ہی ایک ایسی زبان رہی ہے جو کسی ایک صوبے یا مذہبی فرقے تک محدود نہیں، سارے ہندوستان کے مسلمان یہ زبان بولتے ہیں اور شمال میں اس زبان کے

بولنے والے ہندوؤں کی تعداد مسلمانوں کی تعداد سے زیادہ رہی ہے۔ اگر ہماری مشترکہ زبان کو اردو نہیں کہا جا سکتا تو کم از کم اس کا ایک ایسا نام ضرور ہونا چاہئے جس سے مسلمانوں کا یہ مخصوص منصب مترشح ہو سکے کہ انہوں نے ایک ایسی زبان کے ارتقا میں حصہ لیا ہے جو کم و بیش ایک مشترکہ زبان کی حیثیت رکھتی ہے۔

"ہندوستانی" سے یہ مقصد حل ہو سکتا ہے، "ہندی" سے نہیں۔ ماضی میں مسلمانوں نے یہ زبان (ہندی) پڑھی ہے، اور اگر زیادہ نہیں تو اپنے ہندو بھائیوں ہی کے برابر انہوں نے بھی اسے ادبی زبان کے مرتبے تک پہنچانے میں حصہ لیا ہے۔ لیکن اس کے کچھ مذہبی اور ثقافتی تلازمات بھی ہیں جن سے مسلمان من حیث المجموع خود کو وابستہ نہیں کر سکتے۔ علاوہ ازیں، اب یہ اپنا ایک الگ ذخیرۂ الفاظ وضع کر رہی ہے، اور یہ ان افراد کے لئے عمومی طور پر ناقابل فہم ہے جو صرف اردو جانتے ہیں۔

اردو اور ہندوستانی کے بجائے اگر ہندی اور ہندوستانی کے مابین خلط مبحث پیدا کرنے کا ایک واضح رجحان نہ پایا گیا ہوتا تو اس امر پر زور دینے کی چنداں ضرورت پیش نہ آتی۔ گزشتہ سال اندور میں آپ کی تقریر نے یہ قطعی تاثر دیا کہ آپ دونوں کو یکساں سمجھتے ہیں اور "ہنس" کے پہلے شمارے کے لئے اپنے پیش نامے میں آپ نے دونوں کو ایک ہی قرار دیا ہے۔ مجھے پورا یقین ہے کہ ہندی سے آپ کی مراد بنیادی طور پر عام لوگوں کی زبان ہے۔ ایک ایسی زبان جو وہ بولتے ہیں اور جو ان کی تعلیم کے بہترین ذریعے کے طور پر کام آ سکتی ہے۔ لیکن متعدد ایسے افراد کے لئے جو اس کی ترویج و اشاعت کے سلسلے میں کوشاں ہیں، "ہندی" ایسی کوئی زبان نہیں ہے۔ چنانچہ جب وہ ہندی کو ہندوستانی کا متبادل بنا کر پیش کرتے ہیں تو وہ دراصل ایک ذخیرۂ الفاظ ایک ذوق اور سیاسی و مذہبی وابستگیوں کو متعارف کرتے ہیں۔ میں اسی رجحان کے خلاف آپ سے اپیل کر رہا ہوں کیونکہ محسوس

یہ ہوتا ہے کہ بھارتیہ ساہتیہ پریشد بھی اس کا شکار ہوگئی ہے۔

میں پریشد کی تشکیل پر خوش ہونے والوں میں سے ایک تھا، کیونکہ مجھے یقین تھا کہ یہ ایک مشترکہ زبان کے لئے ٹھوس بنیاد فراہم کرے گی۔ میں نے "ہنس" کی اشاعت کا بھی خیر مقدم کیا ہے۔ میں پریشد کی دیگر سرگرمیوں کے بارے میں کچھ نہیں کہہ سکتا۔ لیکن اگر "ہنس" کے شمارے اس کے رویے اور حکمت عملی کی ذراسی بھی غمازی کرتے ہیں تو اس سے بڑی مایوسی ہوئی ہے۔ منشی پریم چند صاحب اس وقت شاید ہماری سب سے بڑی ادبی شخصیت ہیں، وہ ان کمیاب شخصیتوں میں سے ہیں جن کے لئے ادب ذاتی اظہار رائے کا ذریعہ بھی ہے اور خدمت خلق کا بھی۔ وہ اردو اور ہندی پر یکساں عبور رکھتے ہیں اور ان میں ہندو مسلم تہذیب کے بہترین ادبی و سماجی روایات کا امتزاج ملتا ہے، "ہنس" کو وہی زبان استعمال کرنی چاہئے تھی جو وہ خود لکھتے ہیں اور اسی روایت کا نقیب بننا چاہئے تھا جس کی وہ خود نمائندگی کرتے ہیں۔ لیکن ایسا نہیں کیا گیا اور یہی میرا سارا کرب ہے۔

"ہنس" واضح طور پر ایک فرقہ پرست رسالے کا تاثر دیتا ہے۔ دوسرے ہندی رسائل کے مقابلے میں یہ زیادہ سنسکرت آمیز ہندی استعمال کرتا ہے۔ یہ ایک ایسی زبان ہے جسے کسی طرح بھی ہندوستانی نہیں کہا جاسکتا۔ اس کے نقطۂ نظر یا انتخاب مضامین سے ہرگز یہ تاثر قائم نہیں ہوتا کہ ہندوستانی قوم مختلف معاشرتوں کا مجموعہ ہے یا یہ کہ ایک کے سوا کوئی اور ثقافت بھی ہندوستان میں پائی جاتی ہے۔ اس سے اتحاد کی نہیں بلکہ سامراجیت کی بو آتی ہے۔ ایک چھوٹی سی مثال سے میرا موقف واضح ہو جائے گا، ساہتیہ پریشد کو "بھارتیہ" کہا گیا ہے، نہ کہ ہندوستانی۔

ایسا کیوں ہے؟

اگر بھارت کا کوئی مطلب ہے تو صرف یہ کہ یہ آریوں کا ہندوستان ہے جس کی

زندگی میں نہ صرف مسلمانوں اور ان کی خدمات کو بلکہ صدیوں کے ارتقاء اور تغیر کو بھی کوئی مقام حاصل نہیں۔ کیا اس سے علیحدگی پسندی اور رجعت پسندی کا اظہار نہیں ہوتا ہے؟ پھر ہمیں جو گشتی مراسلے ہندی میں بھیجے گئے ہیں ان میں بات چیت کی زبان کے دو یا تین سے زیادہ الفاظ نہیں ہیں۔ عام ہندی کے [नीचे लिखे हुए] (نیچے لکھے ہوئے) کی جگہ [निम्न लिखित] (نیمن لکھت) جیسے خالص سنسکرت الفاظ استعمال کئے گئے ہیں۔ چنانچہ ناگری رسم الخط سے اچھی طرح واقف ہونے کے باوجود میرے لئے بھی یہ ناقابل فہم ہیں۔

یہ امر بالکل واضح ہے کہ فنی اصطلاحات کے لحاظ سے سنسکرت اور عربی دونوں زبانیں بھرپور ہیں لیکن ایک عام ہندوستانی زبان ان میں سے کسی ایک پر بھی مکمل انحصار نہیں کر سکتی کیونکہ اگر عربی ایک بدیسی زبان ہے تو سنسکرت بھی کبھی عام بول چال کی زبان نہیں رہی ہے۔ بول چال کی ہندی کا مطالعہ کرنے سے اندازہ ہوگا کہ اس میں شامل شدہ تمام سنسکرت الفاظ زمانہ گزرنے کے ساتھ ساتھ خاصے تبدیل ہو گئے ہیں۔ اس کی وجہ یہ ہے کہ نہ صرف مسلمان بلکہ ہندوستان کے عام لوگ آسانی سے ان کا تلفظ ادا نہیں کر سکتے۔ یہاں تک کہ [ग्राम] (یرام) اور [वर्ष] (ورش) جیسے مختصر الفاظ بھی [गाँव] (گاؤں) اور [बरस] (برس) ہو گئے ہیں۔

ہندی کے بیشتر حامیوں نے یہ سارے حقائق نظر انداز کر دئے ہیں اور یہ اور کئی دوسرے الفاظ کے اصل سنسکرت متبادل شامل کر دئے ہیں۔ میں یہ نہیں کہہ سکتا کہ آیا یہ سب کچھ ادعائے فضیلت کا نتیجہ ہے یا ناواقفیت کا یا تعصب کا؟ کیونکہ سنسکرت کے بول چال کے تو سارے الفاظ اردو میں شامل ہی ہیں۔ البتہ یہ بات ضرور واضح ہے کہ ان دوستوں کا براہ راست تعلق زندہ اور بولی جانے والی زبان کی ترویج و اشاعت سے نہیں بلکہ

ہندوستانی زندگی کو آریائی طرز پر ڈھالنے سے ہے۔ اگر ہمارے ہندو بھائی اپنے اندر اصلاح یا رجعت کی کوشش کر رہے ہیں تو مسلمانوں کو اس سے قطعاً کوئی تعلق نہیں لیکن مشترک دیانت داری کا تقاضا ہے کہ اس قسم کی تحریکوں کو لسانی مسئلہ سے سختی کے ساتھ دور رکھا جائے۔

عقیل صاحب کے ایک خط کے جواب میں شری کے۔ ایم۔ منشی نے کہا ہے کہ:

"گجرات، مہاراشٹر، بنگال اور کیرالا کے لوگوں نے ایسی ادبی روایات استوار کی ہیں جن میں خالص اردو عناصر تقریباً مفقود ہیں۔ اگر ہم ہندی کی طرف متوجہ ہوئے تو فطری طور پر ہم سنسکرتی ہندی کی طرف متوجہ ہوں گے۔"

سب سے پہلے تو میں پورے وثوق سے کہہ سکتا ہوں کہ گجراتی، مرہٹی اور بنگالی، ان ساری زبانوں میں فارسی کے الفاظ کی خاصی تعداد موجود ہے۔ نیز یہ تسلیم کرنے کے لئے تیار نہیں کہ ایک دوسرے سے اور مسلمانوں سے قریب آنے کے لئے گجرات اور بنگال کے ہندوؤں کو سنسکرت آمیز زبان اختیار کرنی چاہئے۔ علاوہ ازیں ہمیں خالص اردو عناصر سے نہیں بلکہ شمالی ہند کی زندہ زبان اور محاوروں سے سروکار ہے۔ اگر اس زندہ زبان اور محاورے کو ایک مشترکہ زبان کی بنیاد بنایا جائے تو مسلمان موثر طور پر تعاون کر سکتے ہیں۔ سنسکرت کی سمت مراجعت کا مطلب یہ ہے کہ ہندی، بنگالی اور گجراتی کے سلسلے میں مسلمانوں کی گزشتہ خدمات کو نظر انداز کر دیا جائے۔ ان حالات میں ہم سے تعاون کے لئے کہنا ایسا ہی ہے جیسے ہم سے کہا جائے کہ خودکشی کے لئے رضامند ہو جاؤ۔

یہ امر کہ ہندی اردو کا سوال عنقریب ایک فرقہ وارانہ رنگ اختیار کر سکتا ہے، اس تقریر سے ظاہر ہے جو مسٹر پرشوتم داس ٹنڈن نے اس ماہ کے پہلے ہفتے میں بنارس میں ہندی میوزیم کی افتتاحی تقریب میں کی ہے۔ انہوں نے اعلان کیا ہے کہ چینی کے بعد

ہندی دوسری زبان ہے جو ایشیا کے طول و عرض میں بولی جاتی ہے۔ بالفاظ دیگر اس کا یہ مطلب ہے کہ ایک مشترکہ زبان کا مسئلہ حل ہو گیا۔ اور وہ ہندی ہو گی۔ کیونکہ ہندوستانیوں کی اکثریت ہندی بولتی ہے۔ جو لوگ ہندوستانی کا نعرہ بلند کریں انہیں اکثریت دبا دے گی۔ لہذا ان کا کوئی مسئلہ نہیں ہے، لیکن سروں کا گننا اور سروں کا توڑنا کوئی مداوا نہیں ہے۔ مسٹر ٹنڈن کا حقیقی مفہوم خواہ کچھ ہی ہو لیکن مجھے یوں محسوس ہوتا ہے Cummunal award کی طرح کی ایک اور شرمناک صورت حال کے لئے زمین ہموار کی جا رہی ہے۔

اب آپ کا وقار اور آپ کی شخصیت کا عطا کردہ اعتماد ہی ہمیں بچا سکتا ہے۔ میں ذیل میں چند ایسے نکات پیش کر رہا ہوں جو میری ناچیز رائے میں اعتدال پسندانہ ہیں اور ایک مشترکہ زبان کے لئے صحت مند اساس مہیا کر سکتے ہیں۔ اگر آپ نہ صرف اپنے نقطۂ نظر سے بلکہ ایک مقصد کی بجا آوری کے نقطۂ نظر سے ان پر غور کریں اور انہیں کسی قابل سمجھیں تو آپ انہیں دوسروں تک بھی پہنچا دیجئے۔ میرے ذہن میں یہ خیال آ رہا ہے کہ یہ عوام کے سامنے آپ کے کسی اعلان کی بنیاد بن سکتے ہیں۔

نکات یہ ہیں کہ:

۱۔ ہماری مشترکہ زبان کو "ہندی" نہیں بلکہ "ہندوستانی" کہا جائے گا۔

۲۔ ہندوستانی کا کسی بھی فرقے کی مذہبی روایات سے کوئی خاص تعلق نہیں ہو گا۔

۳۔ "بدیسی" یا "دیسی" کے معیار پر کسی لفظ کو نہیں پرکھا جائے گا بلکہ استعمال کو سند مانا جائے گا۔

۴۔ اردو کے ہندو ادیبوں اور ہندی کے مسلمان ادیبوں نے جو الفاظ استعمال کئے ہیں ان سب کو رائج سمجھا جائے گا۔ بلاشبہ، اردو اور ہندی پر الگ الگ زبانوں کی حیثیت

سے اس کا اطلاق نہیں ہو گا۔

۵۔ فنی اصطلاحوں بالخصوص سیاسی اصطلاحات کے انتخاب میں صرف سنسکرت ہی کو ترجیح نہیں دی جائے گی بلکہ اردو، ہندی اور سنسکرت کی اصطلاحوں سے فطری انتخاب کا زیادہ سے زیادہ موقع دیا جائے گا۔

٦۔ دیوناگری اور عربی ہر دو رسم الخط مستعمل اور سرکاری سمجھے جائیں گے۔ ان تمام اداروں میں جن کی پالیسی ہندوستانی کے سرکاری فروغ دہندگان مرتب کریں گے، ہر دو رسم الخط کے سیکھنے کی سہولتیں مہیا کی جائیں گی۔

کچھ ایسے دوست بھی ہوں گے جنہیں یہ تجاویز مسلم مطالبات قسم کی چیز معلوم ہوں گے۔ لیکن مجھے معلوم ہے کہ آپ کی اور پریشد کی جانب سے اس قسم کی کسی یقین دہانی کے بغیر، ایک مشترکہ زبان کے سلسلے میں مسلمانوں کی ادبی جدوجہد کا سوال ہی پیدا نہیں ہوتا۔ اسی لئے میں نے یہ تجاویز آپ کی خدمت میں پیش کی ہیں۔

میں جانتا ہوں کہ اگر یہ حد سے متجاوز ہیں تو آپ مجھے معاف کر دیں گے اور اگر یہ نامناسب ہیں تب بھی آپ کی اہانت کا باعث نہیں بنیں گی۔ جہاں تک میرا تعلق ہے میں صرف اپنا فرض ادا کرنا اور آپ سے ایک درخواست کر کے آپ کے فیصلے کے ضمن میں اپنی بے پایاں عقیدت اور آپ کے گہرے احساسِ انصاف و تحمل پر اپنے اعتماد کا اظہار کرنا چاہتا تھا۔

https://www.taemeernews.com/2021/04/urdu-hindi-script-letter-gandhi-mujeeb.html

* * *

اردو ادب میں غیر مسلم ہندوستانی تخلیق کار

سید شیبان قادری

ہندوستانی قوم کا تاریخی تسلسل، ہندوستانی قومیت کی تعریف میں بہت اہم رہا ہے۔ ہندوستان میں مختلف نسلوں کے افراد ہرتے ہیں مختلف مذاہب و عقائد یہاں کی رنگارنگ زندگی کا جز ہیں۔ تھوڑے فاصلے سے مختلف زبانوں کی بنیاد پر لسانی خطے قائم ہیں لیکن اس کثرت کے باوجود ہندوستان میں ہمیشہ سے ایک بنیادی وحدت رہی ہے۔ دراصل یہ باطنی احساس اور نفسیاتی و جذباتی ہم آہنگی کا تصور قومیت کی تشکیل کرتا ہے اور کسی قوم کو متحدہ رکھنے میں اہم رول ادا کرتا ہے۔

اس متحد قومیت کے تصور کو قائم رکھنے کیلئے کسی ایسی زبان کی ضرورت پیش آتی ہے کہ جسے پوری قوم سمجھ، بول اور پڑھ سکے۔ مسلمانوں کی آمد کے ساتھ ساتھ ہندوستان میں عربی فارسی زبانیں بھی آئیں اور مسلمانوں کے اقتدار کے ساتھ درباروں میں فارسی نے سنسکرت کی جگہ حاصل کرلی مگر عام ہندوستانی اور حکومت وقت کے مابین تعلق کی استواری کیلئے ایک ایسی زبان کی ضرورت کو شدت کے ساتھ محسوس کیا گیا جو مشترکہ قومیت کی تشکیل میں کامیاب ثابت ہو اور اس طرح اردو جیسی خوبصورت، نرم اور شیریں زبان عالم وجود میں آئی۔ ہو سکتا ہے کہ اردو کی پیدائش کا سبب اور اس کے جنم داتا مسلمان رہے ہوں مگر اردو محض مسلمانوں کی زبان ہے یہ بہتان محض الزام ہے کیونکہ

اس زبان کی ترویج و ترقی اور اشاعت میں ہمارے غیر مسلم ادباء و شعراء کا بہت بڑا ہاتھ ہے۔

تقریباً دو، سوا دو صدیوں پر محیط اردو کے منظر نامے کا جائزہ لیا جائے تو روزِ اول سے لیکر تادمِ تحریر ایسے کئی ہزار نام سامنے آئیں گے جو اردو کے جانثاروں اور خدمت گاروں کی صفِ اول میں شامل ہیں اور غیر مسلم ہیں۔ اگر ایسے ناموں کی صرف فہرست ہی ترتیب دی جائے تو اس بھی اس کیلئے ایک دفتر درکار ہو گا۔ اردو شاعری ہو یا نثر، صحافت ہو یا خطابت، تنقید ہو یا تحقیق، ڈرامہ ہو یا رپورتاژ ہر محاذ پر غیر مسلم دانشوروں کی خدمات اردو زبان و ادب کو حاصل رہی ہیں۔ حصول آزادی میں بھی اردو نے ایک اہم رول ادا کیا۔

آزادی سے قبل منشی دیانارائین نگم، منشی نول کشور، دیاشنکر نسیم، پنڈت برج نارائن چکبست، پریم چندر، رام پرساد بسمل، مہاراجہ کشن چند، تلوک چند محروم کے ساتھ ساتھ ہزاروں غیر مسلم دانشوروں نے اردو کے چمن کی آبیاری میں اپنا خون دل صرف کیا اور آزادی کے بعد بھی رگھوپتی سہائے، فراق گورکھپوری، کنور مہندر سنگھ بیدی سحر، گوپی چند نارنگ، راجندر سنگھ بیدی، جوگیندر پال، ہرچرن چاولہ، سریندر پرکاش، کرشن چندر، بلراج منیرا، رامانند ساگر، بلراج کومل، پنڈت برج نارائن، آنند موہن، زتشی گلزار، خار دہلوی، گوپی ناتھ امن، دیویندر اسیر، امرتا پرتم، بلونت سنگھ، گیان چندر جین، کالی داس گپتا رضا، ٹھاکر پونچی، گلشن نندہ، گیان سنگھ شاطر، شرون کمار ورما، دت بھارتی، خوشتر گرامی، علامہ سحر عشق آبادی، ڈاکٹر اوم پرکاش زار علامی، بشیشور پرشاد منور، لال چند پرارتھی، بھگوان داس شعلہ، امرچند قیس جالندھری، الوالفصاحت، پنڈت لبھورام جوش ملسیانی، پنڈت بالمکند عرش ملسیانی، رنبیر سنگھ، نوین چاولہ، فکر تونسوی، رام کرشن مضطر، کے

نریندر، جگن ناتھ آزاد، ساحر ہوشیار پوری، رشی پٹیالوی، ستیہ نند شاکر، کرشنا کماری شبنم، ایس آر رتن، کاہن سنگھ جمال، سدرشن کوشل، نریش چندر ساتھی، پریم عالم اور سریش چندر شوق وغیرہ ایسے نام ہیں جو آفتاب و مہتاب بن کر اردو کے افق پر جگمگائے اور ان کی روشنی سے جہاں اردو منور اور تابناک ہوا۔ یہ تمام حضرات وہ ہیں جن کی شخصیت اور فن نہ تو کسی تعارف کا محتاج ہے اور نہ یہ غیر معروف اور گمنام ہیں۔ ان میں سے بیشتر حضرات اردو ادب میں نہ صرف یہ کہ اہم مقام رکھتے ہیں بلکہ انہیں کلیدی حیثیت حاصل ہے۔ مختلف اوقات میں ان کے فن پر گفتگو ہوئی اور ہندوستانی قوم نے انہیں حسب مقدور خراج تحسین پیش کیا ہے۔

لیکن غیر مسلم ادباء و شعراء کی ایک ایسی فہرست بھی ہے جن کے فن پر نا تو کبھی خاص گفتگو ہوئی اور نہ ہی انہیں ان کی حیثیت کے مطابق خراج تحسین پیش کیا گیا۔ ابھی تک اردو دنیا میں انہیں کوئی اہم مقام حاصل نہیں ہوا۔ اس مضمون کا مرکز یہی حضرات ہیں۔

ابھئے راج سنگھ شاد

۱۸/ فروری ۱۹۱۴ء کو نادون ضلع ہمیرپور میں پیدا ہوئے۔ ملازمت کے سلسلہ میں چنڈی گڑھ گئے اور وہیں کے ہو کر رہ گئے۔ ڈپٹی کمشنر چنڈی گڑھ کے عہدے سے ریٹائر ہوئے۔ گل و شبنم کے نام سے آپ کا مجموعہ کلام شائع ہوا۔

بڑی کیف آور تھی وہ زندگی ☆ جو نذر خرابات ہوتی رہی
میں جس بات سے شاد ڈرتا رہا ☆ عموماً وہی بات ہوتی رہی

آزاد گلاٹی

۲۵/ جولائی ۱۹۳۶ء کو نابھ پنجاب میں پیدا ہوئے وہیں تعلیم حاصل کی تعلیم سے

فراغب کے بعد گورنمنٹ کالج نابھہ میں صدر شعبہ انگریزی عہدے پر معمور ہوئے۔ آزاد صاحب جدید غزل کے علمبردار ہیں۔ آپ کی غزلیں قنوطیت کی انفعالی احساس اور جائیت کی مملو پسندی کی عین درمیان ایک ایسا لمحہ فروزاں ہیں کہ جسے شاعر نے بار بار چھونے کی کوشش کی ہے۔

جب سوچنا تو زیر قدم ساتوں آسماں ☆ جب دیکھنا تو خود کو تہہ آب دیکھنا

بہاری لال بہار

کلو میں ۳۰/جولائی ۱۹۲۵ء کو پیدا ہوئے۔ تعلیم شملہ میں حاصل کی اور وہیں سکونت پذیر ہو گئے۔ ہماچل سکریٹری کے ریٹائرڈ آفیسر ہیں۔

زمین والوں کو کیا معلوم کیا کچھ ہونے والا
نگاہیں برق کی رہ رہ کے پڑتی ہیں گلستاں پر

بی کے بھاردواج قمر

۲۹/دسمبر ۱۹۲۹ء کو جالندھر میں پیدا ہوئے۔ ہماچل گورنمنٹ کی سروس اختیار کی اور شملہ گورنمنٹ کالج میں بطور صدر شعبہ انگریزی کا کام کیا ابوالفصاحت، پنڈت لبھورام جوش ملسیانی کے شاگرد ہیں نثر لکھنے کا بھی شوق رہا ہے۔

بھروسہ جن کو اپنے آپ پر ہو ☆ گزر جاتے ہیں وہ ہر امتحاں

پرکاش ناتھ پرویز

۲۵/اکتوبر ۱۹۳۰ء کو چندی گڑھ میں پیدا ہوئے۔ پرشوتم لال شعلہ جو سناتن دھرم کالج لاہور میں اردو فارسی کے پروفیسر تھے کے چھوٹے بھائی ہیں۔ ان کے کلام میں بے ساختگی اور مانویت پائی جاتی ہے۔

آپ کے عہد کی پہچان یہی ہے شائد ☆ کوئی پیاسا ہو مگر اس کو نہ پانی دینا

دھرم پال عاقل

۲۰/ نومبر ۱۹۳۲ء کو شملہ میں پیدا ہوئے۔ عرصے تک عروس سخن کو سجانے سنوارنے میں مصروف رہے۔ خون جگر کے نام سے آپ کا مجموعہ کلام شائع ہوا۔

جانے ہوا ہے زمانے کو آج کیا☆ دنیا تھی خلد زار ابھی کل کی بات ہے

ڈی کمار

۱۵/ جولائی ۱۹۲۷ء کو شملہ میں پیدا ہوئے وہیں تعلیم حاصل کی اور محکمہ تعلقات عامہ ہماچل پر دیش میں ملازمت اختیار کی۔ ریٹائرڈ ہونے کے بعد روزنامہ "ملاپ" نئی دہلی میں بطور کالم نویس کام کیا جدید رنگ و آہنگ کے شعر کہنے والوں میں آپ کا شمار ہوتا ہے۔

بھول ہوئی جو بیٹھ گئے ہم ان کے سائے میں اک پل
پتھر کیوں برساتی ہیں یہ شیش محل کی دیواریں

راج نارائن راز

۲۷/ اکتوبر ۱۹۳۰ء کو دہلی میں پیدا ہوئے ایک عرصہ تک حکومت ہند کے ماہنامہ "آج کل" کے مدیر رہے نظم اور غزل دونوں پر قدرت حاصل ہے۔

مجھے تلاش کریں گے نئی رتوں میں لوگ
میں گہری دھند میں لپٹا ہوا جزیرہ ہوں

راجندر ناتھ رہبر

پٹھان کوٹ پنجاب کے مشہور معروف وکیل پنڈت ترلوک چند کے گھر ۵/ نومبر ۱۹۳۱ء کو پیدا ہوئے۔ ایم۔ اے، ایل ایل بی تک تعلیم حاصل کرنے کے بعد سرکاری ملازمت میں آ گئے۔ آپ کی شاعری میں زور بیان، برجستگی الفاظ، سوز و گداز اور

جدت ادا سبھی خوبیاں موجود ہیں۔ دو مجموعہ کلام "کلس" اور "شام ڈھل گئی" منظر عام پر آچکے ہیں۔ اس کے علاوہ آپ نے شعراء ہماچل پردیش کا ایک تذکرہ بھی "آغوش گل" کے نام سے مرتب کیا۔

مقید ہو نہ جانا ذات کے گنبد میں یارو
کسی روزن کسی دروازے کو وا چھوڑ دینا

راجیش کمار اوج

راجیش کمار اوج ضلع ہوشیار پور پنجاب کے ایک گاؤں میں پیدا ہوئے ۔ بی۔ اے کے بعد آئی۔ پی ۔ ایس کا امتحان پاس کیا۔ محکمہ پولیس کے مختلف اعلیٰ عہدوں پر فائض رہے ۔ اس کے بعد شملہ میں ڈی ۔ آئی۔ جی پولیس رہے ۔ اوج صاحب نے جو کچھ لکھا بہت سوچ کر لکھا۔ سادگی پرکاری، گہرائی و گیرائی ان کا کلام لاجواب ہے اردو ادب سے ان کی دلچسپی قابل قدر ہے۔

رہ کے گلشن میں بھی ترسے ہیں گل تر کے لئے
یہ مقدر تھا تو کیا روئیں مقدر کے لئے

ست نام سنگھ خمار

۱۵ جولائی ۱۹۳۵ء کو ضلع بھیوانی ہریانہ میں پیدا ہوئے۔ پنجاب یونیورسٹی سے ایم۔ اے کرنے کے بعد گرونانک یونیورسٹی امرتسر سے پی ایچ ڈی کی۔ کلام کے دو مجموعے "لمحات کا بہتا دریا" اور "محسوس کرو مجھ کو" شائع ہوئے۔ حضرت شمیم کرہانی کے شاگرد ہیں۔

میں کیسے بند کرلوں منتظر آنکھوں کے دروازے
میرے دل کو خیال منتظر سونے نہیں دیتا

سریش چندر شوق

۱۵/اپریل ۱۹۳۸ء کو شملہ ہماچل پردیش میں پیدا ہوئے۔ ابتداء ہی سے شعر و شاعری سے گہرا لگاؤ رہا۔ بزم ادب شملہ کے سکریٹری رہے۔ شوق صاحب نے کم لکھا مگر جو کچھ لکھا اس میں ادراک آگہی اور وزن ہے۔

بند ہیں دل کے سارے دروازے☆کس طرح آ گئی ہوا بابا

سریندر پنڈت سوز

چندی گڑھ میں ۱۸/جولائی ۱۹۳۷ء کو پیدا ہوئے۔ اردو میں غزلیں اور انگریزی میں کہانیاں خوب لکھیں۔ اپنے ارد گرد کے حالات اور واقعات کو شعر کے پیکر میں ڈھالنے کا ہنر جانتے ہیں۔ ہمیشہ تحف اللفظ میں پڑھا مگر انداز ایسا رہا کہ جس نے ہر بار سامعین کو محظوظ کیا۔

سلاخیں گرم کرو جسم داغ کر دیکھو☆میرا وجود کسی غم سے کھولتا ہی نہیں

سلکشنہ انجم

میرٹھ یوپی میں پیدا ہوئیں۔ اپنے ہلکے پھلکے اشعار کو دلفریت ترنم کے ساتھ مشاعروں میں کافی عرصہ پیش کرتی رہیں۔ ہمیشہ سامعین سے اچھی داد بھی حاصل کی۔

عقل و دانش یہ مانا بڑی چیز ہیں

دل بھی درکار ہے شاعری کے لئے

شباب للت

بھگوان داس شباب للت ۳/اگست ۱۹۳۳ کو سرزمین پنجاب میں پیدا ہوئے تاریخ اور اردو میں ایم اے کرنے کے بعد مرکزی سرکاری کے محکمہ اشاعت و نشریات میں فیلڈ آفیسر مقرر رہوئے۔ شباب صاحب ایک پر گو شاعر ہیں۔ کلام کے کئی مجموعے شائع ہو چکے

ہیں۔ تازہ مجموعہ کلام "سمندر پیاسا ہے" کچھ عرصہ پہلے شائع ہوا۔

چھین کر تم لے گئے الفاظ کا امرت کلس

میں وہ شیو شنکر تھا جو زہر معافی پی گیا

کرشن بہاری نور

۸ / نومبر ۱۹۲۵ء کو لکھنو میں پیدا ہوئے۔ ریٹرن لیٹر آفس لکھنو میں ڈپٹی منیجر کے عہدے پر فائز تھے۔ بہت اچھے اشعار کہتے اور مشاعرں میں اپنے منفرد انداز میں جم کر پڑھتے۔ غزلوں اور نظموں کے دو مجموعے "دکھ سکھ" اور "تپسیا" کے نام سے شائع ہوئے کچھ سال پہلے لکھنو میں انتقال فرما گئے۔

کبھی نگاہ، کبھی پیرہن، ادائیں کبھی ☆ کئی زبانوں میں اکثر وہ بات کرتے ہیں

کھیم راج گپتا ساغر

۹ / مئی ۱۹۳۱ء کو شملہ میں پیدا ہوئے۔ بزم ادب شملہ کے سرگرم رکن اور منی مہیش کلا کے صدر رہے۔ شاعری کا ذوق پیدائشی ہے۔ کافی عرصے سے نثر بھی لکھ رہے ہیں۔

بڑھ بڑھ کے اور لوگ ہوئے ان کے ہم کلام ☆ میرے لبوں پہ مہر خموشی لگی رہی

کرشن کمار طور

۱۱ / اکتوبر ۱۹۳۳ کو چندی گڑھ پنجاب میں پیدا ہوئے۔ "سرسبز" نام سے ایک ششماہی رسالہ جاری کیا۔ آپ کا مجموعہ کلام "شعر شگفت" کے نام سے منظر عام پر آچکا ہے۔

دل کی دہلیز پر کیوں طور جلاتے ہو دیا ☆ اس خرابے میں بھلا کون ہے آنے والا

کنول نورپوری

۲۰/جنوری ۱۹۳۱ء کو نورپور ضلع کانگڑہ میں پیدا ہوئے۔ کیلاش چندر نام ہے محکمہ تعلیم سے وابستہ رہے۔ جناب بھگوان داس شعلہ کے شاگرد ہیں۔ جرم وفا کے نام سے ایک مجموعہ کلام شائع ہوا۔

کھوئی کھوئی ہوئی معصوم سے ان نظروں کو
جی میں آتا ہے کلیجے سے لگائے رکھئے

منوہر شرما ساغر پالم پوری

دسمبر ۱۹۲۹ء میں مارنڈو تحصیل پالم پور ضلع کانگڑہ میں پیدا ہوئے۔ سب ڈویژنل مجسٹریٹ پالم پور کے دفتر میں بطور اسسٹنٹ ملازم رہے۔ نظم، غزل، افسانے، تنقیدی و تحقیقی مضامین لکھے۔ اردو کے علاوہ ہندی اور پہاڑی زبان میں بھی بہت کچھ تخلیقی کام کیا۔

مہندر پرتاب چاند

یکم اگست ۱۹۳۵ء ہریانہ کے ایک گاؤں میں پیدا ہوئے۔ اردو فارسی اور نفسیات میں ایم۔ اے۔ کیا۔ ادبی سرگرمیوں میں ہمیشہ بڑھ چڑھ کر حصہ لیا۔ امر چند قیس جالندھری کے شاگرد ہیں۔ نظم و نثر میں کئی کتابیں لکھیں۔

ناپنے نکلی ہے شہر دل کی وسعت کو مگر
کیا لگا پائے گی میرے دل کا اندازہ ہوا

ہر بھگوان شاد

۱۴/اکتوبر ۱۹۳۱ء کو مخدوم پور ضلع جالندھر پنجاب میں پیدا ہوئے۔ تعلیم سے فراغت کے بعد صحافت کا پیشہ اختیار کیا۔ روزنامہ "ہند سماچار" جالندھر کے ایڈیٹوریل اسٹاف میں شامل رہے۔ ایک عرصہ دراز تک عروس اردو کو سجانے سنوارنے میں اہم رول ادا کیا۔ نظم و نثر میں کچھ کتابیں شائع ہو چکی ہیں۔ شاعری کی طرح آپ کی نثر بھی

کمال کی ہے ۔ نظم، غزل، افسانہ، ناول، ڈرامہ سبھی کچھ لکھا۔ انگنت مشاعروں اور سمیناروں میں حصہ لیا۔

زہر نکلتا ہے تو امرت بھی کبھی نکلے گا☆ہر ہستی کو سلیقہ سے کھنگالا جائے

تو یہ ہیں ہمارے ہزارہا غیر مسلم شعراء و ادباء میں سے کچھ شعراء و ادبا۔ ضرورت اس بات کی ہے کہ ان حضرات کے فن پر تفصیلی گفتگو کی جائے تاکہ ان کے مقام کے تعین میں آسانی ہو۔ اس سے بھی ضروری اور اہم بات یہ ہے کہ غیر مسلموں کی نئی نسل اردو سے بڑی حد تک ناآشنا ہے۔ ہمارا فرض ہے کہ ہم اس نسل کو اردو کی جانب متوجہ کریں۔ اور ان کے دلوں میں دلچسپی کا جذبہ پیدا کریں۔ یہی وقت کی اہم ضرورت ہے۔

https://www.taemeernews.com/2013/02/Non-Muslim-Indian-Writers-in-urdu-literature.html

٭٭٭

شاہ ولی اللہ محدث دہلوی کی ایک شاہکار تصنیف

پروفیسر اختر الواسع

حضرت شاہ ولی اللہ محدث دہلوی (۱۷۰۳-۱۷۶۲) دور آخر کے ہندوستان کے عظیم ترین علماء میں سے ہیں۔

ان کی شہرت صرف ہندوستان گیر ہی نہیں بلکہ عالم گیر ہے۔ عالم عرب میں بھی ان کی شہرت ہے اور یوروپ و امریکہ میں بھی ان کا تذکرہ ہوتا رہتا ہے۔ وہ بلاشبہ اٹھارہویں صدی کے مجدد تھے اور تاریخ کے ایک ایسے دوراہے پر پیدا ہوئے جب زمانہ ایک نئی کروٹ لے رہا تھا، مسلم اقتدار کی سیاسی بساط لپیٹی جا رہی تھی، عقلیت پرستی اور استدلالیت کا غلبہ ہو رہا تھا۔

اس وقت حضرت شاہ ولی اللہ نے کار تجدید انجام دیا اور اس کاز کے لیے جدوجہد کی کہ مسلمان نئے زمانے سے کس طرح ہم آہنگ رہیں۔

آپ نے حجۃ اللہ البالغہ جیسی شہرہ آفاق کتاب لکھی، موطا امام مالک کی شرح لکھی۔ مسلکی گروہ بندی کو کم کرنے کی طرح ڈالی اور یہ سب آج سے ۲۵۰ سال قبل کیا تھا جب کوئی شخص ان اصطلاحوں میں سوچنے کیلئے تیار ہی نہیں تھا۔

اس کے ساتھ ساتھ شاہ ولی اللہ کا ایک بڑا اور غیر معمولی کارنامہ "رجوع الی القرآن" کی تحریک ہے۔ شاہ صاحب کے نزدیک مسلمانوں کے لیے نسخہ شافی یہی تھا کہ وہ قرآن مجید کی طرف رجوع کریں اور قرآن مجید کو اپنی زندگی اور اپنی تعلیمی سرگرمیوں کا مرکز و محور بنائیں۔

چانچہ انہوں نے بتایا کہ بچے کو سب سے پہلے قرآن پڑھانا چاہئے تاکہ وہ احکم الحاکمین کے پیغام کو سمجھ لے۔ چوں کہ ہندوستان میں عربی زبان کا رواج نہیں تھا اس لئے انہوں نے قرآن مجید کا فارسی زبان میں ترجمہ کیا۔ دوران ترجمہ شاہ صاحب کے سامنے بہت سے علوم و معارف اور مسائل و مشکلات واشگاف ہوئے۔ شاہ صاحب نے ان کو حل کرنے کی کوشش کی اور اس کیلیے متعدد کتابیں اور رسالے لکھے۔

ترجمہ کی مشکلات کو حل کرنے کیلئے "مقدمہ در قوانین ترجمہ" کی تصنیف فرمائی۔ لیکن شاہ ولی اللہ کا ایک بے مثال اور پائیدار کارنامہ "تفسیر قرآن کے اصول" ہے۔

قرآن مجید کی بے شمار تفسیریں لکھی گئیں لیکن "اصول تفسیر" کسی نے نہیں لکھی۔ یہ سعادت قسام ازل نے سرزمین ہند میں دہلی کی خاک کیلئے ارزاں کی تھی کہ اس کی خاک سے وہ شخصیت اٹھے جو اس موضوع پر سب سے پہلی کتاب لکھے۔

شاہ صاحب کی اس کتاب کا نام "الفوز الکبیر فی اصول التفسیر" ہے۔ چونکہ اپنے موضوع پر یہ ایک منفرد کتاب تھی اس لئے اناً فاناً سارے عالم اسلام میں اس کی شہرت پھیل گئی۔ اس کتاب کا عربی زبان میں ترجمہ ہوا۔ یہ ترجمہ مصر میں ہوا تھا اور منیر الدین دمشقی نے کیا تھا۔

اس وقت عالم اسلام کے خطے میں فارسی کا چلن تھا اس لئے یہ کتاب فارسی زبان میں بھی پڑھائی جاتی رہی اور عالم عرب میں منیر الدین دمشقی کا عربی ترجمہ رائج رہا اور تقریباً

تمام مدارس اسلامیہ میں یہ کتاب داخل نصاب رہی۔

دور جدید میں جب تحقیق و تحشیہ کے نئے معیارات سامنے آئے تو اس کتاب کی طرف بھی لوگوں کی توجہ دوبارہ مبذول ہوئی اور اس پر تحقیق اور اس کے مزید رواں دواں ترجمہ کی تلاش شروع ہوئی۔

مولانا سلمان ندوی نے اس کا دوبارہ عربی ترجمہ کیا ہے۔ یہ ترجمہ عربی زبان کے اسلوب شناسوں کے نزدیک کافی شستہ اور رواں ہے لیکن اہل علم اور بالخصوص مطالعات قرآنی سے شغفت رکھنے والوں نے اس سلسلے کو روکا نہیں اور اسی ضمن میں دارالعلوم دیوبند کے مشہور استاد حدیث مفتی محمد سعید پالن پوری نے اصل فارسی متن سے اس کا عربی میں ترجمہ کیا، اور اردو و عربی میں شرح بھی لکھی۔

الفوز الکبیر کا ایک اردو ترجمہ علی گڑھ میں مولانا سعید انصاری نے بھی کیا تھا۔ وہ ترجمہ اگرچہ خاصا لفظی ہے لیکن کافی مقبول رہا ہے۔ ان تراجم مے علاوہ بھی الفوز الکبیر اور ترجمہ و تفسیر سے متعلق شاہ ولی اللہ کی کتابوں پر کام ہوتے رہے ہیں۔ بعض پر سمینار ہوئے۔ پروفیسر سعود عالم قاسمی نے شاہ ولی اللہ کی قرآنی فکر پر مستقل کتاب لکھی۔ ڈاکٹر رضی الاسلام ندوی نے بھی بعض پہلوؤں پر کام کیا جن میں الفوز الکبیر کے ضمیمہ الخیر الکثیر کے تعارف پر ان کا گراں قدر مقالہ علمی حلقوں میں پسندیدگی کی نظر سے دیکھا گیا۔ اس ضمن میں اسلام اور عصر جدید کا خصوصی شمارہ "شاہ ولی اللہ: افکار و آثار" بھی قابل ذکر ہے۔ یہ رسالہ جنوری۔ اکتوبر ۲۰۱۰ء میں شائع ہوا۔ اس میں بھی دیگر موضوعات کے علاوہ شاہ ولی اللہ کی قرآنی خدمات کو موضوع گفتگو بنایا گیا ہے۔ پروفیسر عبدالقادر جعفری صاحب نے مستقل اسی عنوان پر مقالہ لکھا ہے اور ڈاکٹر مفتی محمد مشتاق تجاروی نے ترجمہ و تفسیر سے متعلق شاہ صاحب کے رسالوں کا اصل فارسی سے

بڑا عالمانہ اردو ترجمہ کیا ہے۔ اس میں الفوز الکبیر، مقدمہ در قوانین ترجمہ اور دیباچہ فتح الرحمن شامل ہیں۔ آخر کے دونوں رسالوں کے اصل فارسی متن بھی شائع کئے ہیں۔ یہ رسالہ خاصہ مقبول ہوا اور اب کتابی شکل میں بھی شائع ہو گیا ہے۔ ہمارے عہد کے ایک صاحب قلم اور صاحب علم و تحقیق مولانا یٰسین اختر مصباحی نے بھی اس کار خیر میں شرکت کی اور حال ہی میں الفوز الکبیر فی اصول التفیسر کا اردو ترجمہ سامنے آیا۔ یہ ترجمہ جیسا کہ سرورق پر لکھی ہوئی عبارت سے واضح ہوتا ہے اصل فارسی متن سے کیا گیا ہے۔ اس لئے امید ہے کہ مراد صنف کے قریب ترین ہے۔ مولانا یٰسین مصباحی کا قلم بڑا سیال اور رواں دواں ہے۔ انہوں نے مختلف موضوعات پر بہترین تحقیقی مقالات اور کتابیں لکھی ہیں۔ معاصر علماء کے درمیان ایک نمایاں مقام کے حامل ہیں اور قلم پر اپنی بہترین قدرت کی وجہہ سے "رئیس القلم" کہلاتے ہیں۔ اس کتاب میں آپ کی قدرت نمایاں طور پر محسوس کی جاسکتی ہے۔ شروع میں انہوں نے تھدیہ بخدمت مشاہیر علماء و مشائخ اہل سنت کیا ہے۔ اس میں ۲۵ !علماء کے نام اور تاریخ وفات ہے۔ اگلے صفحے پر اپنے ادارہ کے نام انتساب جس میں قلم پر قدرت کا ایک خصوبصورت نمونہ ہے۔ اس کے بعد اصل کتاب شروع ہوتی ہے۔ باب اور فصل کی رعایت کے ساتھ ترجمہ کیا ہے اور اس میں دیباچہ فتح الرحمن کا بھی ترجمہ کیا ہے اور کتاب کے آخر میں منیر الدین دمشقی کا عربی ترجمہ شائع کر دیا ہے۔ مولانا یٰسین اختر مصباحی نے حسب روایت بہترین ترجمہ کیا ہے۔ الفوزالکبیر کی ابواب بندی اور فصل بندی اچھے انداز میں کی ہے۔ ترجمہ میں بڑی سلاست اور روانی ہے اور مراد مصنف کے قریب تر ہے۔ شاہ ولی اللہ کی گراں قدر تصنیف کو گراں قدر اور خوبصورت انداز میں اردو قالب میں ڈھالا ہے۔ مولانا اس کام کیلئے قابل مبارکباد ہیں۔ الفوز الکبیر کے فارسی قلمی نسخے کم و بیش ۲۵ کی تعداد میں دستیاب

ہیں۔ اگر مولانا اس کتاب کا ایک محقق ایڈیشن شائع کر دیتے تو یہ بڑی بڑی گراں قدر خدمت ہوتی۔ امید ہے کہ اشاعت ثانی کے وقت مولانا تبحر عالم یہ علمی خدمت بھی انجام دے کر ہم جیسے طالب علموں کو مشکور فرمائیں گے۔ شاہ ولی اللہ محدث دہلوی نے رجوع الی القرآن کی تحریک شروع کی تھی، وقت کے ساتھ اس میں برگ و بار آئے اور رفتہ رفتہ یہ تحریک پھیلتی چلی گئی۔ آج اصول تفسیر اور مطالعہ قرآن پر مزید بہت سے کام ہوئے ہیں اور ہوتے رہیں گے۔ شاہ صاحب کی یہ تحریک عالمگیریت اختیار کر گئی اور مستقبل میں اس پر مزید کام ہوں گے اور یہ سب دراصل شاہ صاحب کی اس روایت کا فروغ اور ارتقاء ہے لیکن یہاں ایک سچائی کی طرف اور توجہ دینے کی ضرورت ہے کہ شاہ صاحب نے یہ تمام علمی و فکر عملی کام قرآن فہمی کے باب میں محض اہل علم کیلئے نہیں کئے تھے بلکہ دراصل وہ اس کو ہر قرآن پڑھنے والے کیلئے عام کر دینا چاہتے تھے۔ کیا وہ وقت نہیں آگیا ہے کہ آسان زبان میں شاہ صاحب کے ان کاموں کو گھر گھر پہنچا کر عام کیا جائے؟

https://www.taemeernews.com/2013/03/masterpiece-of-Shah-Wali-Allah-Muhaddith-Dehlvi.html

* * *

نواب حمید اللہ خان: سابق بھوپال فرمانروا کے عہد میں شعر و ادب

ڈاکٹر ارجمند بانو افشاں

نواب حمید اللہ خاں (پ: ۹/ ستمبر ۱۸۹۴، م: ۴/ فروری ۱۹۶۰) سابق ریاست بھوپال کے آخری فرمانروا تھے جن کا نوابی عہد اپریل ۱۹۲۶ سے جون ۱۹۴۹ تک قائم رہا۔ حمید اللہ خاں روشن خیال حکمران اور بیدار مغز سیاست دان تھے۔ ان کی ۱۲۵ ویں سالگرہ پر، ان کے عہد کے شعر و ادب کا ایک مختصر جائزہ پیش ہے۔

۱۹۲۷ء میں نواب سلطان جہاں بیگم اپنے چھوٹے صاحبزادے نواب حمید اللہ خان کے حق میں حکومت سے دستبردار ہو گئیں۔ نواب صاحب نہایت روشن دماغ اور جدت پسند انسان تھے۔ یہ ریاست کے پہلے فرمانروا تھے جو گریجویٹ تھے۔ انھوں نے اپنی قابلیت اور سوجھ بوجھ کی بدولت نہایت اچھی طرح ریاست کے کاروبار کو سنبھالا اور اسے روز افزوں ترقی سے ہمکنار کیا۔ ان کا عہد ریاست کے ہندیونین میں انضمام یعنی ۱۹۴۹ء تک رہا۔

علمی و ادبی رجحانات کے لحاظ سے یہ دور بھی دور سابقہ سے مماثلت رکھتا ہے۔ نواب صاحب، صاحب علم اور علم نواز تھے، انھوں نے اہل دانش و فن کی بہتر طور پر سرپرستی

فرمائی۔ علمی و ادبی رجحانات میں جو جدت نواب سلطان جہاں بیگم کے زمانے میں نظر آتی تھی، نواب صاحب کے عہد میں اس کی رفتار میں مزید تیزی آئی۔

"ادب برائے زندگی" کا نظریہ کلی طور پر تمام تخلیقات میں نظر آتا ہے۔ شعر و شاعری میں بدستور اصلاحی، مقصدی، اخلاقی اور اجتماعی شعور بیدار ہوتا چلا گیا۔ پامال، فرسودہ اور عامیانہ انداز بیان کا تقریباً اختتام ہو گیا۔ اس دور کی شاعری بھرپور کیف و سرور سے معمور سنجیدہ و متین اور پر تاثیر ہے۔ سچے جذبات کی فراوانی نظر آتی ہے، اسلوب بیان میں ندرت اور تازگی پائی جاتی ہے۔ نئی تشبیہات و نئے استعارات اور نئی تلمیحات وضع کی گئی ہیں۔ ان تمام جدید رجحانات کے ساتھ ادب کو زندگی سے قریب لانے کی کوشش کی جا رہی تھیں۔

ہر سال نواب صاحب کے زیر اہتمام جشنِ سالگرہ کے سلسلے میں یہاں آل انڈیا مشاعرے کا انعقاد کیا جاتا تھا۔ جس میں ملک کے نامور شعراء شرکت کرتے تھے جن میں قائی، جوش ملیح آبادی، جگر مراد آبادی، فراق گورکھپوری، سیماب اکبر آبادی، حفیظ جالندھری، احسان دانش، نانک لکھنوی، آنند نرائن ملا، احسن مارہروی، سراج لکھنوی، شوکت تھانوی، روش صدیقی، ساغر نظامی، آغا حشر کاشمیری، بہزاد لکھنوی، یاس عظیم آبادی۔۔۔ خاص طور پر اہمیت رکھتے ہیں۔ یہ مشاعرے بھوپال کے مذاقِ شعری پر بڑی حد تک اثر انداز ہوئے۔

اس دور میں یہاں ترقی پسند ادب کا بھی آغاز ہوا۔ ترقی پسند مصنفین کی باقاعدہ انجمن بھی قائم ہوئی، اشتراکی نقطہ نظر اس دور کے نوجوان شعراء و ادباء کی تخلیقات میں داخل ہونا شروع ہوا۔

نواب حمید اللہ خاں کے عہد حکومت میں نظام تعلیم میں زبردست تبدیلیاں عمل

میں آئیں۔ الکزینڈر اور جہانگیر یہ ہائی اسکول کا الحاق عثمانیہ یونیورسٹی سے کر دیا گیا۔ جس کی بدولت اردو ذریعۂ تعلیم کو فروغ ملا۔ اس کے علاوہ بے شمار علمی وادبی اداروں کا قیام عمل میں آیا۔

اخبارات اور رسائل کے اجراء کے لئے بھی یہ دور گذشتہ ادوار سے ممتاز ہے۔ جو رسائل اور اخبارات جاری کئے گئے ان میں گوہر ادب ، آفتاب نسواں، بصائر، افشاں، افکار، ندیم، جادہ، معیار ادب اور کردار وغیرہ کافی اہم ہیں۔ ان کے علاوہ الگزینڈر ہائی اسکول سے "گہوارہ ادب "نام کا ایک معیاری رسالہ جاری کیا گیا۔

نواب صاحب کے ذوق ادب کی بدولت اس عہد میں نشر واشاعت کا زبردست کام ہوا۔ انھوں نے سلطان جہاں بیگم کی تقاریر کا مجموعہ بھی "خطبات سلطانی" کے نام سے طبع کروایا اور اہل علم وہنر کی سرپرستی بھی فرمائی۔ علامہ اقبال کو ان کی ادبی خدمات کے سلسلے میں پانچ سو روپیہ ماہوار کا وظیفہ جاری کیا۔ ریاست کی طرف سے حفیظ جالندھری کو بھی وظیفہ دیا جاتا تھا۔ نواب صاحب کی ان کرم فرمائیوں سے ریاست کا مشاہیر ادب سے گہرا تعلق قائم ہوا۔

نواب حمید اللہ خاں کے عہد کے چند اہم شعرا وادبا درج ذیل ہیں:

شعری بھوپالی:

محمد اصغر شعری اپنے عہد کے ایسے مایۂ ناز اور مقبول شعرا میں شمار ہوتے تھے جنہوں نے اپنے شعری سفر کے ابتدائی دور میں ہی بے پناہ شہرت اور مقبولیت حاصل کی۔ ان کی پیدائش ۱۹۰۲ میں اکبر آباد (آگرہ) میں ہوئی تھی۔ ۱۹۴۰ کے آل انڈیا بھوپال طرحی مشاعرے میں شعری کی اس غزل نے داد کا طوفان بٹورا تھا:

اگر کچھ تھی تو بس یہ تھی تمنا آخری اپنی
کہ تم ساحل پہ ہوتے اور کشتی ڈوبتی اپنی

بھوپال میں غزل کے اعلیٰ معیار کو قائم کرنے اور نبھانے والا یہ نامور شاعر ۹/جولائی ۱۹۹۱ کو انتقال کر گیا۔

باسط بھوپالی:

باسط بھوپالی ایک خوش فکر اور معتبر شاعر تھے جن کا اندازِ بیان سادہ، سلیس اور مٹھاس والا تھا۔ یہ ذکی وارثی کے شاگرد تھے۔ اس صاحبِ طرز اور باہمت شاعر نے کینسر جیسے موذی مرض سے لڑتے ہوئے اپنا مجموعہ کلام "کلام کاروانِ غزل" ترتیب دیا تھا مگر اس کی اشاعت سے قبل ہی وہ ۱۹۶۱ میں دنیا سے وداع ہو گئے۔

کیف بھوپالی:

خواجہ محمد ادریس (پ: ۲۰/فروری ۱۹۱۷ یا ۱۹۲۰) المعروف کیف بھوپالی، بھوپال کے نہایت باصلاحیت اور نامور شاعر تھے۔ وہ نسلاً کشمیری تھے مگر ان کا آبا لکھنو سے ریاست بھوپال کی تحصیل اودے پور میں آ کر آباد ہو گئے تھے۔

کیف بھوپالی نصف صدی سے زیادہ شاعری کے افق پر چھائے رہے۔ فلمی دنیا سے وابستگی کی بنا پر "پاکیزہ" اور "رضیہ سلطان" جیسی مہنگی اور کامیاب فلموں کے لیے انہوں نے گانے لکھے تھے جو بے حد مقبول ہوئے۔ کیف کا سب سے بڑا کارنامہ کلام پاک کا منظوم ترجمہ "مفہوم القرآن" ہے جو منظوم ہونے کے باوجود مفہوم سے بے حد قریب ہے۔

ملار موزی:

گلابی اردو کے موجد محمد صدیق ارشاد (پ: ۲۱/مئی ۱۸۹۶) المعروف ملار موزی اپنے دور کے واحد بھوپالی ہیں جنہیں ملک گیر نہیں بلکہ زبردست عالمگیر شہرت حاصل ہوئی۔ گلابی اردو کا طرز تحریر ان کی ذہنی اختراع کا نتیجہ تھی جس نے سارے ہندوستان میں دھوم مچا دی تھی۔ ملار موزی شاعر بھی تھے اور نثر نگار بھی لیکن ان کی شہرت کا دارومدار ان کی ظرافت نگاری پر تھا، وہ صرف مزاح نگار نہیں، حافظ قرآن، سیاست داں اور نکتہ چیں بھی تھے۔ ان کی پچیس کے قریب مطبوعہ کتب ہیں۔ یکم/جنوری ۱۹۵۲ کو ان کا انتقال ہوا۔

ڈاکٹر عابد حسین:

۱۸۹۶ میں بھوپال میں پیدا ہونے والے ماہر تعلیم عابد حسین ۱۹۱۶ تک بھوپال میں ہی زیر تعلیم رہے، پھر آکسفورڈ یونیورسٹی سے بی۔اے (آنرز) اور جرمنی سے پی۔ایچ۔ڈی کی ڈگری حاصل کرنے کے بعد جامعہ ملیہ دہلی سے وابستہ ہو کر علم و ادب کی خدمت میں تا حیات مشغول رہے۔ ۱۲/دسمبر ۱۹۷۸ کو دہلی میں انتقال کر گئے۔

ان کے علاوہ نواب حمید اللہ خاں کے عہد میں ایک بڑی تعداد ایسے اہل قلم کی تھی جنہیں شہرت اور مقبولیت حاصل تھی اور جنہوں نے شعری و ادبی سرمایہ میں قابل قدر اضافہ کیا۔ ان کے نام حسب ذیل ہیں:

حامد سعید خاں، وکیل بھوپالی، محمد علی نجمی سیہوری، ممتاز رسول یکتا، ظہیر حسن ذکری، محمود علی کاتب، عظمت اللہ بھوپالی، سید منظور حسین سروش بھوپالی، غلام اللہ

افسوں بھوپالی، مقصود عمرانی، اسعد اللہ خاں اسعد بھوپالی، مقصود عرفان بھوپالی، فضل اللہ سرور بھوپالی، حامد رضوی، شرافت علی صہبا لکھنوی، حمید احمد حمید قریشی، حبیب فخری، مخمور بھوپالی، عائشہ بیگم انصاری زلفی، سیدہ انور جہاں منور، راجکماری سورج کلا سہائے سرور، ناز کرمانی، حافظ وحید اللہ خاں، تسنیم فاروقی، فاطمہ قیصری وغیرہ۔

https://www.taemeernews.com/2019/09/bhopal-hameedullah-khan-literary-period.html

※ ※ ※

حسرت موہانی: آزادئ کامل کے علمبردار
ڈاکٹر نفیس احمد صدیقی

حسرت موہانی نے کانگریس، لیگ، خلافت کمیٹی، جمعیت العلما ہند اور کمیونسٹ پارٹی کے اجلاسوں میں مکمل آزادی کی یا تو قراردادیں پیش کیں یا اس نصب العین کے لیے انہوں نے جوشیلی تقریریں کیں۔ ان کو "مجنونِ آزادی" اور "دیوانہ ملا" کہا گیا۔ جب وہ پہلی بار پارلیمنٹ میں تقریر کرنے کھڑے ہوئے تو اس وقت ایوان کی صدارت کرنے والے ڈاکٹر ایچ۔ سی۔ مکھرجی (جو نائب صدر تھے) نے مولانا حسرت موہانی کا تعارف کراتے ہوئے ارکان پارلیمنٹ کو یاد دلایا کہ:

"مجھے امید ہے کہ ممبران پارلیمنٹ یہ بات نہ بھولے ہوں گے کہ مولانا حسرت نے ہی ہندوستان میں سب سے پہلے مکمل آزادی کا مطالبہ کیا تھا۔ مجھے خوشی ہے کہ ایوان، مولانا حسرت موہانی کی بے مثال خدمات جو انہوں نے وطن کے لیے انجام دیں، اس کو نہیں بھولا۔"

اس پر پارلیمنٹ میں کافی دیر تک تالیوں کی گڑ گڑاہٹ سنائی دیتی رہی اور پارلیمنٹ کی میزیں تھپتھپائی گئیں۔

کچھ حد بھی ہے اس سورشِ خاموش کی حسرت

یہ کشمکش غم تجھے بے کار نہ کر دے

مولوی عبدالحق نے حسرت موہانی کی زندگی کا جائزہ لیتے ہوئے صحیح لکھا ہے:

"آزادی کا شیدائی کوئی کم ہوگا۔ اس کی خاطر انہوں نے طرح طرح کی مصیبتیں، ایذائیں، عقوبتیں جھیلیں۔ لیکن ان کے قدم میں کبھی لغزش نہ آئی۔ اپنے خیال کے اظہار میں نہایت بیباک، جس طرح انھوں نے کانگریس میں کامل آزادی کی آواز اٹھائی، اسی طرح مسلم لیگ میں نعرہ حق بلند کیا۔"

بقول رشید احمد صدیقی:

"۔۔۔۔ آزادی کے بارے میں وہ سر تا پا آگ تھے۔ کسی قسم کی مصلحت کوش یا بے جا مفاہمت ان کے نزدیک ضمیر فروشی تھی۔"

ڈاکٹر ذاکر حسین صاحب کی رائے حسرت موہان کے متعلق یہ تھی:

"نفس کے مطالبات کے پیچھے لوگ کیا کچھ نہیں کر ڈالتے۔ حسرت نے ضمیر کے مطالبات کی خاطر سب کچھ کر ڈالا، تمام عمر مصیبت جھیلی لیکن کوئی مصیبت ان کے ضمیر کی آواز کو دبا نہ سکی۔ ہر مصیبت نے ان کی شان دوبالا کی۔"

بقول قاضی عدیل عباسی مولانا حسرت موہانی سوائے آزادئ کامل کے، ڈومنین اسٹیٹس کسی بھی حالت میں قبول کرنے کو تیار نہیں تھے۔ گورکھپور کے ایک بڑے اجتماع کو خطاب کرتے ہوئے مولانا حسرت موہانی نے فرمایا کہ:

میں نے مسلم لیگ میں اس لیے رکنیت، شمولیت اختیار کی ہے کیونکہ جناح اور گاندھی دونوں صلح کر کے مکمل آزادی کے بجائے ڈومینین اسٹیٹس نہ قبول کر سکیں، مجھے

اسکی مزاحمت کرتی ہے"۔

۱۹۳۱ء میں جمیعت العلما ہند میں دو گروہ ہو گئے۔ ایک جمیعت العلما دہلی، دوسرا جمیعت العلما کانپور کہلایا۔ ۱۹۳۱ میں جمیعت العلما کانپور کا اجلاس الہ آباد میں منعقد کیا گیا جہاں حسرت موہانی کی صدارت کے لیے انتخاب عمل میں آیا۔ ۸ / اور ۹ / اگست ۱۹۳۱ کو اس کے صدارتی خطبے میں آپ نے فرمایا:

"ہندوستان کے متعلق میرے سیاسی نصب العین کا حال سب کو معلوم ہے کہ میں آزادئ کامل سے کم کسی چیز کو کسی حالت میں منظور نہیں کر سکتا۔ اور آزادئ کامل بھی وہ جس کا دستور اساسی، امریکہ یا روس کے مانند لازمی طور پر

(۱) جمہوری

(۲) ترکیبی اور

(۳) لامرکزی ہو

اور جس میں اسلامی اقلیت کے تحفظ کا پورا سامان بھی بصراحت تمام موجود ہو۔"

ہندوستان کی پہلی کمیونسٹ کانفرس دسمبر ۱۹۲۵ء میں کانپور میں کی گئی جس کے صدر استقبالیہ حسرت موہانی تھے اس میں بھی حسرت موہانی نے کمیونسٹ پارٹی کے اغراض و مقاصد گناتے ہوئے یہ بھی کہا:

"ہندوستان میں سوراج یعنی آزادئ کامل کا کل جائز ذریعوں سے قائم کرنا۔۔۔"

حسرت موہانی آزادئ کامل سے کم کسی چیز کو تسلیم کرنے کو تیار نہ تھے اور جو بھی پارٹی ان کے نصب العین کو اپناتی، حسرت موہانی اس کے ساتھ ہوتے۔

تحریک حریت کو جو پایا قریں قیاس

ہر عہد میں معاونِ تحریک ہم رہے

حریتِ کامل کی قسم کھا کے اٹھے ہیں

اب سایۂ برٹش کی طرف جائیں گے کیا ہم

https://www.taemeernews.com/2019/08/hasrat-mohani-indian-revolution.html

✶ ✶ ✶

ڈاکٹر سید محمود علیگ: بعد آزادئ ہند نفاذِ اردو کے حقیقی محرک

ڈاکٹر سید عبدالباری

ڈاکٹر سید محمود ۱۸۸۹ء میں غازی پور کے ایک گاؤں سید پور بھیتری میں پیدا ہوئے۔ ان کے اسلاف میں بندگی شاہ جمال میاں اور شاہ محمود نمایاں شخصیتیں ہیں جو اکبر بادشاہ سے پہلے ہندوستان آئے تھے۔ ڈاکٹر سید محمود نے جونپور میں ابتدائی تعلیم کے مراحل طے کیے پھر علی گڑھ چلے آئے جہاں سر راس مسعود کے درجہ میں ہی ان کا داخلہ ہوا اور موصوف سے ان کی خاصی گہری دوستی ہوگئی۔ تصدق حسین شروانی اور عبدالرحمٰن بجنوری بھی ان کے ہم جماعت تھے۔ سید محمود ۱۹۰۷ء میں علی گڑھ میں تعلیم کی تکمیل کے بعد انگلینڈ گئے اور کیمبرج میں دو سال قیام کر کے بیرسٹری کی سند حاصل کی۔ پھر وہاں سے ایک جرمن پروفیسر کے آمادہ کرنے پر جرمنی گئے اور وہاں سے تاریخ میں ڈاکٹریٹ کی، جس کا موضوع تحقیق تھا: "مغلوں کا سیاسی نظم و نسق"۔

یورپ سے واپسی پر سید محمود بانکی پور (بہار) میں مقیم ہوئے اور آٹھ نو سال خوب وکالت کی۔ ۱۹۱۴ میں سید محمود آل انڈیا کانگریس کے باضابطہ ممبر بن گئے۔ جس زمانے

میں پنڈت نہرو کے والد موتی لال کانگریس کے صدر تھے، اسی دور میں سید محمود کو کانگریس کا جنرل سکریٹری بنا دیا گیا تھا۔ کئی بار موتی لال نہرو کے ساتھ سید محمود کو بھی جیل کی ہوا کھانی پڑی۔ اور ۱۹۴۱ میں کانگریس ورکنگ کمیٹی کے دیگر اراکین کی طرح انہیں بھی احمد نگر کے قلعہ میں قید کیا گیا۔ احمد نگر کی اسی قید کا ذکر مولانا آزاد نے "غبار خاطر" کی حکایت زاغ و بلبل میں کیا ہے کہ سید محمود نے پرندوں سے اپنی غیر معمولی دلچسپی کے سبب جیل کی چڑیوں کو روٹی کے ٹکڑے کھلا کھلا کر خاصا شوخ بنا دیا تھا۔

ڈاکٹر محمود کا خیال تھا کہ سیاست کا مفہوم صرف یہ نہیں کہ الیکشن میں حصہ لیا جائے۔ اقتصادی، تعلیمی و سماجی حالات کی اصلاح کو لوگ سیاست نہیں سمجھتے۔ انہیں اس بات کا شدید احساس تھا کہ آزاد ہندوستان میں مسلمان ہریجن ہوتے جا رہے ہیں اور انہیں سماجی حیثیت سے سنبھالنے کی اشد ضرورت ہے۔ ان کے خیال میں کوئی الگ سیاسی پارٹی بنانا مسلمانوں کے لیے مہلک بات ہے، پھر رد عمل کی تھیوری کی روشنی میں سیاست ان کے نزدیک قطعی غلط بات ہے۔ ڈاکٹر صاحب اس معاملہ میں علامہ اقبال سے مختلف خیالات کے حامل تھے۔ علامہ سماجی اصلاح کو قطعاً بے معنی سمجھتے تھے۔ ان کے نزدیک قوموں کے ارتقا کا راز یہ ہے کہ وہ غلبہ و استیلا کے لیے اقتدار کی زمام ہاتھ میں لینے اور امامت و قیادت کے منصب پر فائز ہونے کے لیے جدوجہد کریں۔ سماجی اور تعلیمی اصلاح کے سارے ذرائع تو حکومت کے ہاتھ میں ہیں، پھر اگر حکومت نہ بدلی جائے اور اس پر قابو نہ حاصل کیا جائے تو کوئی سماجی و تعلیمی اصلاح کا منصوبہ کیوں کر روبہ کار آ سکتا ہے؟ مولانا حسین احمد مدنی کا بھی خیال تھا کہ اسلام غلبہ واستیلا کے لیے آیا۔

سید محمود کا یہ خیال تھا کہ اسلام کے غلبہ و استیلا کی جدوجہد مسلمانوں کے تعلیمی معیار کی بلندی، اقتصادی استحکام، ملی اتحاد اور سماجی اصلاح سے شروع ہونی چاہئے نہ کہ

قوم پرستانہ انداز کی جذباتی کوششوں سے۔ غرض سید محمود مشاورت سے دل برداشتہ ہو گئے۔ ان کا استعفی شائع نہیں کیا گیا اور لوگ یہ کہتے رہے کہ وہ کرسی کی وجہ سے الگ ہوئے ہیں، مگر اپنی زندگی کی آخری منزلوں میں ان کے جو ولولے اور عزائم تھے وہ خود انہیں کے الفاظ میں ملاحظہ کریں:

(بحوالہ: "دوام" جون، جولائی ۱۹۷۰ء)

اس میں شبہ نہیں کہ میں قرون اول کا مسلمان نہیں، سرسید احمد خاں نہیں۔ معمولی دنیاوی آدمی ہوں مگر صحیح اسلامی جذبہ رکھتا ہوں۔ اسی جذبہ نے ہمیشہ مجھے مسلمانوں کے مسائل سے دلچسپی لینے اور انھیں حل کرنے پر آمادہ کیا۔ اس وقت اسی جذبہ کی وجہ سے اندر اندر جل رہا ہوں۔ سوچتا ہوں کہ کہاں سے وہ ساتھی لاؤں جو میرے خوابوں میں رنگ بھر سکیں؟ مسلمانوں کے مسئلہ کو نہ آزادی سے پہلے اور نہ ہی آزادی کے بعد میں نے جرأت کے ساتھ پیش کرنے میں کبھی کمزوری دکھائی ہے۔ کانگریس ورکنگ کمیٹی میں وقتاً فوقتاً مسلمانوں کے مسائل پیش ہوتے رہتے تھے۔ ۱۹۴۱ء میں اس طرح کی ایک نشست میں آصف علی نے کہا کہ مسلمان نوکریاں نہ ملنے کی وجہ سے شکوہ سنج ہیں، نہرو بگڑ گئے:

"تم مسلمانوں کی کیا توہین کر رہے ہو۔ کیا ان کا فقط یہی نقطہ نظر ہے؟"

میں نے کھڑے ہو کر کہا: "مہاتما جی، اس موقع پر مجھے کچھ کہنا ہے۔ میرے خیال میں مسلمانوں کو نوکری وغیرہ کی شکایت نہیں ہے، مسلمان قوم اتنی کاسہ لیس نہیں ہے۔ اس کا یہ دماغ ہے کہ اس نے چھ سات سو سال حکومت کی۔ ملک کو ایک زبان، ایک خوراک، ایک رہن سہن، فن تعمیر اور مصوری دیا اور ہندوؤں سے بہت سی چیزیں لے کر ایک مشترکہ چیز پیش کی۔ حتی کہ مسجدوں کی تعمیر میں ہندوستان کے

مخصوص فن تعمیر سے استفادہ کیا مگر اس کے باوجود وہ آج یہ دیکھ رہے ہیں کہ ہندو یہ مشترکہ تہذیب چھوڑتا جارہا ہے اور وہ یہ مشاہدہ کررہے ہیں کہ جس کامن چیز نے ان کو ایک دوسرے سے ملایا، اسے ہندو نظر انداز کررہے ہیں اور اس کی جگہ پر دو ہزار سال پہلے کی چیزیں سامنے لارہے ہیں۔ میرے نزدیک یہ چیزیں مفید اور مناسب نہیں ہوں گی۔ کاش وہ مادی تفصیلات کے بجائے پرانی قدروں کو زندہ کرتے تو وہ مسلمانوں سے اور قریب آجاتے۔ مسلمان جاہلوں اور نادانوں کی قوم تو ہے نہیں۔ کوئی نہ کوئی وجہ رہی ہوگی۔ میرے خیال میں گاندھی جی، آپ ایک سیاسی لیڈر نہیں بلکہ ایک سماجی لیڈر رہیں۔ آپ کے مستقبل کے ہندوستانی معاشرہ میں مسلمان اپنے لیے کوئی جگہ نہیں پاتا۔

گاندھی جی نے مجھ سے کہا: "تم یہ باتیں لکھ ڈالو"۔ میں نے اس موضوع پر ایک پمفلٹ لکھا جو بمبئی میں چھپا۔ غرض میں نے کبھی اعلان حق سے گریز نہیں کیا اور مسلمانوں کو غیرت دلانے اور ڈانٹنے کے ساتھ ان کے مسائل کو بھی پیش کرنے میں کوئی کسر باقی نہ رکھی۔"

زبان کے مسئلے پر بھی سید محمود کی رائے اوروں سے منفرد تھی۔ وہ مسلمانوں کی اس معاملہ میں تنگ نظری کے شاکی تھے۔ سید محمود کو شکوہ تھا کہ حکومت اترپردیش نے اردو کو بری طرح نقصان پہنچایا، سمپورنانند نے ایسی پالیسی بنائی کہ تیس برس میں خود بخود ایک نسل اردو سے محروم ہو جائے گی۔ ڈاکٹر صاحب کے نزدیک ہمارا یہ حال ہے کہ ہم صرف اخباروں اور رسالوں کی حد تک شور مچاتے ہیں لیکن تعلیمی اداروں کی طرف توجہ نہیں۔ ظاہر ہے کہ صرف پروپیگنڈا اور اخباروں میں بیان چھپنے سے تو اردو زندہ نہیں رہ سکی۔

اردو ہندی کے اختلاف پر سید محمود نے ایک بار کے۔ سی۔ پنت جی کو آڑے ہاتھوں لیا تھا۔ ۱۹۴۹ء میں جمعیت العلماء کا اترپردیش میں بڑا جلسہ تھا۔ پنت جی نے اردو کے

بارے میں سخت تقریر کی تھی اور کچھ اس طرح کی باتیں ہوئی تھیں کہ:

"اردو چوہیا ہے اور ہندی ہاتھی ہے، اردو پر غیر ملکی اثرات ہیں، سہراب و رستم و افراسیاب کی باتیں کرتی ہے اور لیلی مجنوں کے گیت گاتی ہے، پھر اردو آزاد ہندوستان میں کیا ترقی کرے گی؟"

سید محمود نے ان کے جواب میں یہ تقریر کی تھی اور کہا تھا:

(بحوالہ: "دوام" جون، جولائی ۱۹۷۰ء)

"پنت جی! اردو بہت سخت اور بری ہے اور لائق توجہ نہیں۔ یہ سب تسلیم کیے لیتا ہوں، آپ یو۔پی کے چیف منسٹر ہیں، اردو کے خلاف نفرت کے جذبات پھیلے ہوئے ہیں۔ چلئے، آپ جو زبان اس وقت بولے ہیں اسی کو یہاں رائج کر دیجئے۔ آپ سمجھتے ہیں کہ اردو شیریں و فرہاد اور لیلی و مجنوں کے گیت گاتی ہے، اس لیے قابل گردن زدنی ہے۔ میں پوچھتا ہوں کہ کیا یہ لوگ (رستم و افراسیاب) مسلمان تھے؟ آپ کو معلوم ہو گا کہ یہ مسلمان نہیں تھے، یہ تو مسلمانوں کی بلند ظرفی ہے کہ وہ جہاں گئے انھوں نے وہاں کے ہیروؤں کو اپنایا۔ خود ہندوستان میں بھی ان کا یہی رول رہا ہے۔ چنانچہ اردو نے رام اور کرشن کے نغمے اور یہاں کی روحانی قدروں کے ترانے دنیا کو سنائے ہیں۔ یہ ایک جمہوری زبان ہے۔

ڈاکٹر صاحب آزادی کے بعد ہندو فرقہ پرستوں کی اردو کے خلاف محاذ آرائی سے مضطرب تھے۔ انھیں یہ بھی شکوہ تھا کہ پنڈت نہرو اردو کے لیے جو کر سکتے تھے، انہوں نے نہیں کیا اور کمزوری دکھائی۔ ڈاکٹر محمود چاہتے تھے کہ اترپردیش و بہار میں اردو سکنڈ لینگویج بنانے کے لیے صدر کا آرڈیننس نافذ ہو۔ انھوں نے حکومت بہار سے کرشن بلبھ سہائے کے زمانے میں اردو کو دوسری سرکاری زبان بنانے کے لیے تجویز پاس کروا کے

بھیجی تھی لیکن بہار کے بعد میں کچھ ایسے حالات ہو گئے کہ وہاں کی حکومت اس تجویز پر اصرار نہ کر سکی۔ پھر انھوں نے اندرا گاندھی سے اس معاملے میں خط و کتابت کی اور سید محمود کے بقول اندرا جی اس کے لیے راضی بھی تھیں مگر مشاورت کے پلیٹ فارم سے مسلمانوں کے کانگریس کے خلاف صف آرا ہونے کی وجہ سے وہ خاموش ہو گئیں۔ ڈاکٹر صاحب کو آخر وقت تک یہ امید لگی ہوئی تھی کہ اندرا جی اپنا وعدہ پورا کریں گی لیکن ان کی یہ آرزو ان کی زندگی میں اور پھر ان کے اس جہان فانی سے کوچ کرنے کے بعد بھی پوری نہ ہو سکی۔

آزادی کے بعد اردو کے علاوہ مسلمانوں کو ایک اور سنگین مسئلے کا سامنا کرنا پڑا۔ حکومت نے سرکاری اسکولوں کے لیے جو نصاب تعلیم مرتب کرایا اس میں ایسی کتابیں رکھی گئیں جن میں ایک مخصوص مذہب اور اس کی دیومالا کو قومی تہذیب کا جزو قرار دے کر ان پر مضامین شامل کیے گئے۔ ڈاکٹر محمود کو اس بے ضابطگی اور ملک کے سیکولر اور جمہوری کردار کو بگاڑنے کی اس شرمناک کوشش پر بہت صدمہ ہوا۔ وہ چاہتے تھے ک تعلیم کو بچوں کے اندر میل، محبت اور بھائی چارہ کے جذبات پیدا کرنے کے لیے استعمال کیا جائے اور ایک مشترکہ کلچر کے احترام کے جذبات ابھارے جائیں۔ ان کا خیال تھا:

(بحوالہ: "دوام" جون، جولائی ۱۹۷۰ء)

ہندوستانی قومیت کا احساس کس طرح پیدا ہو سکتا ہے؟ ماں کے پیٹ سے تو بچہ اسے لے کر آتا نہیں، آپ اس کے خلاف زہر اس کے دماغ میں اتارتے ہیں تو اس سے یہ توقع کیسے ممکن ہے کہ وہ قوم پرست بنے گا؟ ابھی آپ نے یہ ہی نہیں طے کیا ہے کہ ہندوستانی بچوں کا کیا دماغ بنائیں اور اختلافی مسائل کو کس طرح نظر انداز کریں؟ ضرورت ہے کہ

پرائمری اور سیکنڈری اسٹیج کی کتابیں خود مرکز کی نگرانی میں تیار کی جائیں۔ مشکل یہ ہے کہ پبلشرز پیسے دے کر اپنی مرضی کے مطابق کتابیں کورس میں رکھوا لیتے ہیں، یہ کتابیں نہایت مضر ثابت ہوتی ہیں۔ میں نے یہ باتیں بار بار چھاگلہ کو ان کی وزارت کے دوران لکھیں مگر کوئی ٹھوس نتیجہ برآمد نہیں ہوا۔ اتر پردیش سے شیروانی صاحب نے کورس کی کتابیں لاکر اندرا جی کو دکھائیں کہ یہ دیکھیے، یہ سب تماشا ہو رہا ہے۔ اندرا نے انھیں چھاگلہ کے پاس بھیجا کہ ایک کمیٹی اس کی تحقیق کے لیے بنائیں۔ اندرا خود راجیہ سبھا گئیں اور چھاگلہ سے کہا کہ اسے پڑھ کر سنائیں۔

تمام ممبران ان اقتباسات کو سن کر حیران رہ گئے اور کہنے لگے کہ یہ کیا غضب ہو رہا ہے؟ ایک کمیٹی بنی، رپورٹ بھی دیدی گئی کہ ریفارم ہونا چاہیے، مگر اب تک کچھ نہیں ہوا۔

ڈاکٹر سید محمود کانگریس کی وعدہ خلافیوں کے تسلسل و تکرار کے باوجود اس سے مایوس آخری عمر تک نہیں ہوئے۔ چھاگلہ کے بعد وزارت تعلیم میں آر۔وی۔راؤ کا زمانہ آیا اور یہ شخص اور زیادہ تنگ نظر ثابت ہوا۔ ڈاکٹر محمود راؤ سے نالاں تھے مگر اندرا کو کیونکر قصور وار ٹھہراتے، اس لیے کہ اندرا جی کو مناسب آدمی ان وزارتوں کے لیے نہیں مل رہے تھے۔

ڈاکٹر صاحب کی اس سادگی پر خواہ کوئی کچھ بھی کہے، ان کی اس خوبی کی تعریف کرنی پڑے گی کہ انھوں نے جس جماعت کی خاطر پوری جوانی قربان کر دی، بڑھاپے میں اس کی نااہلی اور بددیانتی کے باوجود اس سے ترک تعلق پر تیار نہ تھے۔ آخر وقت تک ان کے دل میں یہ آرزو کروٹیں لیتی رہی کہ کانگریس کو سیکولرزم کی شاہراہ پر واپس لایا جائے اور ہندو قوم کے ذہن کی اصلاح کی جائے اور اس کے لیے سیاسی پینتروں کے بجائے

تعمیری طریقوں کو اختیار کرنا ہو گا۔

ڈاکٹر محمود صرف ایک مورخ اور سیاستدان ہی نہیں تھے بلکہ انھوں نے اسلامی فکر و نظر کے سرچشموں سے اپنے ذہن و دماغ کو سیراب کیا تھا، وہ اسلام کی پوشیدہ توانائیوں کو روبۂ عمل لانے اور اسے پھر ہمارے معاشرہ و تہذیب کی ایک انقلاب آفریں قوت بنانے کے آرزومند تھے۔

https://www.taemeernews.com/2019/09/syed-mahmud-urdu-campaign-during-congress-reign.html

* * *